Prix : **60** centimes

AUTEURS CÉLÈBRES

BEAUTIVET

LA

MAITRESSE

DE MAZARIN

PARIS

LIBRAIRIE MARPON & FLAMMARION

E. FLAMMARION, ÉDITEUR

26, RUE RACINE, PRÈS L'ODÉON

LA
MAITRESSE DE MAZARIN

110971 (184)

ÉMILE COLIN — IMPRIMERIE DE LAGNY

E. G. BEAUTIVET

—

LA
MAITRESSE
DE MAZARIN

—

PARIS

LIBRAIRIE MARPON ET FLAMMARION

E. FLAMMARION, ÉDITEUR

26, RUE RACINE, PRÈS L'ODÉON

—

Tous droits réservés.

LA
MAITRESSE
DE MAZARIN

CHAPITRE PREMIER

COMMENT LE COMTE RAOUL DE NANGEAC S'AMU-SAIT AVEC LES ARBRES MORTS

Le 6 avril 1644, un cavalier enveloppé dans un manteau de couleur sombre, au collet relevé jusqu'aux yeux, suivait tout pensif le chemin qui mène de Baume-les-Dames au Doubs, précisément en face du célèbre monastère des Bénédictines, qui s'élevait sur la rive opposée du fleuve et qui, depuis, fut détruit par la Révolution.

Il était alors environ dix heures du soir; la lune jetait aux buissons du sentier son écharpe d'argent, éclairant d'une lueur pâle les bourgeons tendres de la verdure naissante; c'était déjà une belle nuit de printemps; cependant si le voyageur, moins occupé de ses pensées, avait levé les yeux vers le ciel, il aurait vu un gros nuage qui, poussé par une brise fraîche, menaçait de crever bientôt, apportant avec lui l'orage, les éclairs et les torrents de pluie; puis ce mouvement terminé, s'il avait baissé les yeux vers la terre, il aurait aperçu tout au bas du sentier, sortant d'un épais taillis, le canon d'un mousquet dont la présence inaccoutumée ne lui eût annoncé rien de bon.

Mais notre cavalier ne regardait ni vers le ciel, ni vers la terre; il suivait sa route en laissant flotter les rênes sur le cou de son cheval qui trottait avec assurance, ayant sans doute souvent passé par là; il semblait ne rien voir : la rêverie qui l'absorbait à ce point ne devait pas être de nature joyeuse, car parfois son front se plissait et sa physionomie prenait une expression d'indicible tristesse : il murmurait des mots presque sans suite, des phrases qu'il laissait inachevées, parmi lesquelles un passant indiscret aurait pu entendre les propositions suivantes :

« Un danger? quel danger? Pourquoi cette recommandation de ne point manquer au rendez-vous? Notre secret aurait-il été découvert? Sa lettre ne m'apprend rien ! Voyons, relisons-la... »

Alors, arrêtant son cheval, notre héros tira de son pourpoint un billet plié en quatre, le déplia, l'éleva à la hauteur de ses yeux, et, à la faveur d'un rayon de la lune, il lut ce qui suit :

« Ne manquez pas de venir ce soir; un grand danger nous menace. »

Cette lecture achevée, il baisa d'abord le papier, puis le froissa d'un geste découragé :

« Rien ! Rien ! Rien ! Oh ! mais, je saurai la vérité, et malheur à qui se mettra au travers de mon chemin !... »

A peine avait-il jeté à haute voix cette menace qu'une détonation retentit ; son chapeau roula dans l'herbe :

« Bien visé ! cria le cavalier ; quelques lignes plus bas et j'étais mort ! »

Il se baissa, ramassa son couvre-chef, et piqua des deux dans la [direction du taillis d'où le coup était parti, mais il ne vit personne ; le sol n'était pas foulé ; il eut beau marcher, battre les buissons de la pointe de son épée, il ne trouva aucune trace du passage d'un homme : n'étaient la bourre qui gisait à demi brûlée à ses pieds, et le trou fait par la balle dans son chapeau, il se serait cru le jouet de quelque funeste hallucination ; malheureusement aucun doute n'était possible, on avait voulu l'assassiner.

« Est-ce là, murmura-t-il, le danger dont on m'avertit? mais non! dans ce cas, on m'aurait prié au contraire de ne pas venir ! »

Un gros rire éclata dans les rochers de l'autre côté de la rivière, et roula d'écho en écho :

« Ah ! c'est trop fort, s'écria notre héros, mon ennemi inconnu a déjà traversé ! Il me raille! Oui ; et, de plus, sans doute, il m'attend.

Puis une pensée subite altéra son visage :

« Pourvu qu'il n'ait pas emmené le bateau ! »

Et, mettant vivement pied à terre, il s'élança vers le bord ; le bateau qu'il était sans doute habitué à trouver là, n'y était plus.

Le monastère des Bénédictines était, comme nous l'avons dit, situé sur la rive opposée du fleuve, sur la rive gauche; il était difficilement accessible du côté du Doubs, étant construit sur des rochers presque à pic; les trois autres côtés étaient entourés de fossés; enfin l'on y pénétrait par un pont-levis qui s'ouvrait sur la campagne.

Il y avait deux moyens d'arriver à ce pont-levis en venant de Baume-les-Dames: les gens courageux, à l'aide d'un bachot d'ordinaire attaché au bas du sentier où nous avons laissé notre héros, traversaient le fleuve, très dangereux en cet endroit où, resserré entre les rochers, avec ses remous, ses rapides, ses tourbillons, il prenait des allures de torrent; les gens pusillanimes, les femmes et les enfants suivaient la rive droite, descendaient à une lieue de là, traversaient une passerelle et, revenant sur l'autre rive, gagnaient la porte du couvent.

Le monastère des Bénédictines était une sorte de royaume dont l'abbesse était la reine, dont les chanoinesses étaient les ministres; isolé, comme nous venons de le voir, il n'était cependant ni triste ni ennuyeux; on y recevait fort bonne compagnie: Monseigneur l'évêque, les chanoines des environs, des seigneurs dévots; et le palais de l'abbesse, l'abbatiale, offrait une hospitalité aussi large que joyeuse: mais, pour être admis aux réceptions agréables de l'endroit, il fallait montrer patte blanche, c'est-à-dire appartenir au clergé ou à la première noblesse.

Fondée vers le milieu du cinquième siècle, comblée de richesses et de privilèges, d'abord par les rois de Bourgogne, puis par Charlemagne et Louis le Débonnaire, cette abbaye pouvait contenir jusqu'à soixante chanoinesses; chacune d'elles avait une petite maison composée de plusieurs pièces richement meublées et entourée d'un jardin.

C'est là qu'allait notre héros, ou plutôt c'est là qu'il désirait aller lorsqu'il s'aperçut que le bateau avait été passé sur l'autre bord par un homme qui évidemment se montrerait peu disposé à le ramener.

Il s'était mis à réfléchir aux moyens de traverser ; notre cavalier n'était pas de ceux qu'un obstacle ou qu'une difficulté peuvent arrêter longtemps ; puis, on avait écrit : « Ne manquez pas de venir. » Et il irait, dût-il passer au travers d'une armée. Mais comment ? A la nage ? Les plus forts nageurs s'étaient noyés à dix brasses du bord. Un gué ? Il ne connaissait pas de gué dans ces parages. Il pouvait descendre et gagner la passerelle, mais alors il arriverait en rase campagne, exposé aux regards du veilleur de nuit et de la sœur tourière : sans doute il ne voulait pas être vu, car il abandonna aussitôt cette idée. Que faire ?

Il en était là de ses réflexions, lorsqu'il entendit sur la rive opposée le murmure de plusieurs voix d'hommes :

« Il était seul, pensa-t-il ; voici qu'ils sont plusieurs ! C'est un guet-apens. Bast ! j'ai juré d'arriver, j'arriverai. »

Puis il remarqua que le vent soufflait en sens inverse du courant, le remontait, comme on dit, et que les voix partaient d'un point beaucoup plus bas, par rapport au fleuve, que celui où il se trouvait :

« Ils s'imaginent que si j'essaye de traverser, le

courant me forcera à descendre, et que je passerai devant eux, ou que j'irai toucher terre pour tomber en plein dans leur compagnie. Mais ils ont compté sans leur hôte ; le vent commence à souffler ; il m'aidera à remonter le fleuve... A remonter ? Encore me faudrait-il un bateau... »

Et le pauvre gentilhomme se creusait la tête pour trouver un moyen : tout à coup il pensa :

« Où donc est Sultan ?... Oh ! il ne peut être loin ! La bonne bête a l'habitude de m'attendre ! »

Sultan était le nom du cheval de notre héros.

Il battit le fourré et, à vingt pas environ, il aperçut l'animal occupé à dévorer de jeunes pousses au pied d'un chêne-liège, mort depuis longtemps ; quelques racines avaient survécu, donnant naissance à de nouveaux plants, et cette frêle verdure était un régal pour Sultan.

Le jeune homme eut un tressaillement :

« Un bateau ? Mais voilà ! » s'écria-t-il.

Alors, s'approchant du chêne, il chercha à l'ébranler, à en arracher un morceau d'écorce assez large pour le porter ; ses efforts furent inutiles.

« Sultan, murmura-t-il, sera peut-être plus heureux que moi. »

D'un bond il enfourcha son cheval, un de ces robustes chevaux que l'on avait à cette époque et qui de nos jours seraient disputés par toutes les compagnies d'omnibus de France et de l'étranger ; puis, tirant son épée, il commença par fendre le liège de haut en bas ; il fit ainsi deux incisions verticales et une horizontale qui circonscrivaient une plaque d'écorce de deux mètres de long sur un mètre de large ; cette première opération terminée, il souleva délicatement la plaque de la pointe de son épée, et tournant son cheval sans s'inquiéter de ce que ce mouvement avait d'absolument ridicule, avec une habileté de cavalier consommé, il le fit ruer contre l'arbre ; l'animal semblait comprendre, ses sabots frappaient comme des maillets sur l'écorce entamée ; après dix ruades, la plaque de liège se détacha comme par enchantement :

« Merci, mon bon Sultan, » dit notre homme, et il caressa le cou fumeux de la bête.

Le bateau était trouvé ; en un tour de main, notre héros arracha un fragment d'écorce qui devait lui servir d'aviron, puis avec la tranquillité d'un courage à toute épreuve, après avoir encore caressé sa monture et lui avoir recommandé de « l'attendre patiemment », il mit à l'eau son embarcation, s'y allongea à plat ventre pour n'être point vu de la rive, et, moitié nageant, moitié jouant de son aviron improvisé, comme un vieux marin, il commença la traversée.

Vers le milieu du fleuve, il poussa par trois fois le cri de la chouette ; un cri semblable dans la direction du couvent lui répondit. Alors, il reprit sa traversée, remontant le courant le plus possible, aidé dans cette rude manœuvre par un vent de tempête qui s'élevait de plus en plus ; au loin, le nuage noir se rapprochait, et déjà la lune n'éclairait plus que faiblement l'autre rive, assez encore pour que notre hardi matelot pût apercevoir, à trente pas de lui, tout au plus, six hommes masqués dont les regards interrogeaient le courant, et dont les mousquets étaient tournés vers le bord qu'il venait de quitter.

Il redoubla de précaution, s'efforça de ne faire aucun bruit, de ne provoquer aucun clapotement de l'eau, de remonter le courant ; enfin, il aborda contre un rocher qui devait le cacher aux regards de ceux qui l'attendaient ; il se glissa à terre, puis, lorsqu'il fut certain de n'être point vu, il appliqua son frêle esquif contre les parois de pierre, le maintint par des branches, et après avoir encore une fois poussé le cri de la chouette, il s'enfonça dans le fourré.

Lorsqu'il eut fait ainsi une vingtaine de pas qui l'avaient éloigné des hommes masqués, il remonta de rocher en rocher, puis redescendit en se faufilant le long de la muraille du couvent, et, s'aidant de pierres en saillie qu'il connaissait bien, sans doute, tant il les trouvait sûrement, il grimpa au faîte du mur ; là, il se coucha à plat ventre, imita, mais à voix basse, cette fois, le cri de la chouette ; une voix apeurée, une voix de femme, répondit doucement :

« Je suis là. »

Il se suspendit par les mains et se laissa tomber dans le vide de l'autre côté du mur.

Le comte Raoul de Nangeac, seigneur de la Baume et autres lieux, après un saut de douze pieds de hauteur, venait de faire son entrée dans le couvent de Bénédictines.

Avant d'aller plus loin dans notre récit, nous devons vous présenter notre héros. Il était beau comme tous les héros, grand, bien fait de sa personne, avec des yeux noirs dont les regards fixés sur vous faisaient trembler ou charmaient invinciblement, selon qu'ils exprimaient la colère ou la douceur ; il était, de plus, fort bien vêtu, étant de bonne naissance et de fortune convenable. Cadet de famille, il avait d'abord étudié en Sorbonne pour être dans les ordres ; il était docteur en théologie ; puis son frère aîné, le seul qui lui restât, les autres ayant été tués à la guerre, étant mort de la petite vérole, il était devenu le seul héritier d'un nom remarqué depuis trois cents ans au service du Roi et de la Patrie, et d'un avoir assez considérable pour l'époque. Il avait alors abandonné la carrière théologale et s'en était venu à sa gentilhommerie de Baume présider sagement à la culture de ses terres ; peu à peu, il s'était adonné aux exercices du corps et maintenant il y excellait ; il était le meilleur chasseur du pays.

Sa jeunesse, son air ordinairement doux, ses grâces naturelles, sa galanterie, en faisaient un cavalier fort aimable et fort aimé, si aimé que les chanoinesses des Bénédictines lui fermaient les portes du couvent ; sa réputation de séducteur, malgré son passé de théologien, malgré sa naissance, effarouchait leur piété et ne permettait pas au comte de se mêler à l'illustre et docte compagnie qu'elles accueillaient.

Il s'en consolait facilement d'ailleurs, lorsqu'un jour, comme il chassait du côté de l'abbaye, il aperçut un carrosse ; ce véhicule n'avait rien d'extraordinaire par lui-même, le comte allait passer sans s'en inquiéter davantage ; mais un regard qu'il jeta dans l'intérieur de la voiture, l'obligea à s'arrêter : à côté d'une vieille figure de chanoinesse apparaissait le doux visage d'une adorable enfant de seize ans ; un coup d'œil lui apprit que l'enfant était blonde, qu'elle avait les yeux bleus, les mains fines et de race ; un second coup d'œil lui apprit qu'il en était tombé subitement amoureux ; il porta la main à son chapeau, salua avec autant de grâce que de galanterie ; la jeune fille sourit, et le véhicule s'enfuit dans l'abbaye au grand trot de ses postiers ; le pont-levis se releva sur lui. Raoul ne vit plus rien, mais il demeura longtemps à la même place, comme pétrifié par cette vision miraculeuse : il fallut que Brin d'Amour, son fidèle valet, vînt pour ainsi dire, l'éveiller ; sans quoi tout fait présumer qu'il aurait passé la nuit dans cet endroit, attendant le retour de son beau rêve.

Le lendemain, il essaya de pénétrer dans le couvent; on le repoussa; il envoya Brin d'Amour; celui-ci se lia avec le jardinier, le grisa et finit par acheter à prix d'or son concours : c'est ce jardinier qui dès lors se chargea de porter les poulets de Raoul à Marie de Montévrain, orpheline de père et de mère, nièce et fille adoptive de la duchesse de Candole, chanoinesse, qui l'avait recueillie dans le monastère et la destinait au service de Dieu et de la Religion.

Après quelques billets doux, de ces billets charmants, si bien tournés que le cœur d'une enfant de seize ans n'y pouvait résister, on en arriva aux rendez-vous ; Raoul devait bientôt demander à la sévère chanoinesse la main de sa nièce ; tout allait au mieux de ses amours, lorsque le matin du jour où commence cette histoire, il reçut la lettre que l'on sait et, comme on l'a vu, se rendit, désespéré, auprès de son amante.

A l'ombre d'un bosquet, dans le jardin du monastère, Raoul trouva Marie, lui baisa la main, et lui dit :

« Marie, qu'y a-t-il? quel danger nous menace?

— Enfin, c'est vous, répondit-elle ; j'ai entendu un coup de fusil, il n'y a qu'un instant ; mon cœur s'est serré, et comme je ne vous voyais pas arriver, je vous ai cru mort.

— Mort? quel enfantillage, Marie ! »

Puis, pour ne point l'effrayer, il continua :

« C'est quelque chasseur ! Je suis venu comme d'habitude, toutefois j'ai mis plus de temps ; mon cheval était fatigué et j'ai dû marcher au pas. Mais vous-même, dites-moi ce que vous avez, expliquez-moi votre lettre !

— Ma tante part pour Paris. Elle va suivre un procès, aux lieu et place de Mᵐᵉ la princesse de Chabaud, notre abbesse, retenue ici par ses rhumatismes.

— Eh bien?

— Eh bien ! Ne comprenez-vous pas ?

— Elle vous emmène !

— Oui, hélas !

— Pour longtemps?...

— Quatre, cinq ou six mois. — Nous ne nous verrons plus ! »

Et une larme coula des yeux de la jeune fille.

« Que dites-vous, Marie ? Nous ne nous verrons plus ! Mais je ne vous quitterai pas ! je vous suivrai, s'il le faut, au bout du monde !

— Hélas ! Raoul, pourrai-je vous voir !

— Comment ?

— Lorsque ma tante m'a annoncé ce voyage, malgré moi je me suis mise à pleurer ; ma tante m'a interrogée ; j'ai sangloté ; elle m'a grondée sévèrement, et notre secret, Raoul, s'est échappé de mes lèvres ; j'étais folle... »

Le comte de Nangeac sourit :

« Je comprends maintenant, murmura-t-il ; puis, plus haut, il ajouta : Et qu'a répondu la duchesse ?

— Elle est entrée dans une colère effroyable ; elle m'a dit que vous étiez un débauché, un joueur, que vous ne m'aimiez pas, que vous vous moquiez de moi...

— Marie...

— Oh ! je ne l'ai pas crue, allez, Raoul ! je vous aime et j'ai confiance en vous ! Elle a dit encore que jamais je ne vous épouserais, qu'elle m'étranglerait plutôt de ses propres mains ; qu'elle me marierait, en arrivant à Paris, à quelque gentilhomme du cardinal...

— Vous marier ?...

— Oui ! me marier... et encore que si vous vous présentiez à ses yeux, elle vous ferait bâtonner par ses laquais, puis qu'elle vous ferait mettre à la Bastille... »

Le comte Raoul était pâle de colère ; il se recueillit un instant :

« Marie, dit-il enfin, m'aimez-vous ?

— Plus que tout au monde.

— Vous m'aimerez toujours ?

— Je vous aimerai toujours.

— Jurez-moi de n'appartenir jamais qu'à moi, jurez-moi d'être ma femme.

— Je vous le jure, sur le Christ !

— Bien ! Je vous jure, moi, que je vous aimerai toujours ; je vous jure que vous serez ma femme, ou que je serai mort.

— Mort ou vivant, je n'aimerai jamais que vous.

— Marie, voulez-vous me suivre ?

— Est-ce possible ? »

Et elle regardait avec tristesse le grand mur du couvent, qui mettait une barrière infranchissable entre elle et la liberté :

« C'est vrai, vous ne sauriez prendre le même chemin que moi : vous emporter, ce serait courir tous les deux à une mort certaine ! »

Puis Raoul pensa aux hommes qui l'attendaient peut-être de l'autre côté de la muraille ; une balle égarée frappe au hasard ; il n'insista pas :

« Puisque vous ne pouvez m'accompagner, moi, du moins, je vous suivrai.

— Comment ?

— A quelle heure partez-vous ?

— Demain matin au petit jour.

— Je n'ai que le temps de me préparer. Adieu, Marie, et à tout à l'heure !

— Vous m'effrayez ! qu'allez-vous faire ?

— Ne craignez rien : je ne sais encore ; mais soyez sûre que où vous serez, je serai, où vous irez, j'irai. Adieu, Marie. »

Il prit alors la jeune fille dans ses bras et déposa sur ses lèvres un baiser, un baiser d'amour, un baiser de flamme, le premier, le dernier peut-être. Marie sentait ses forces l'abandonner ; Raoul l'étendit sur un banc de verdure ; alors il s'aperçut que des lumières erraient dans l'immense parc :

« On vous cherche, Marie. Il ne faut pas qu'on me voie, adieu ! »

Il déposa un dernier baiser sur son front,

grimpa le long de la muraille, se laissa glisser de l'autre côté, et au moment où il touchait terre, il entendit une voix qui disait:

« Ma nièce! évanouie! Seigneur! qu'est-ce que cela veut dire?

Il eut un moment la pensée de remonter:

« Non! pensa-t-il, je la compromettrais inutilement. Cet évanouissement ne sera rien ; bien mieux, il la sauve. »

Pensant alors aux hommes qui l'attendaient, il tira son épée, arma son pistolet, et s'avança avec précaution vers l'endroit où il avait laissé son radeau de liège ; une barque était amarrée là, et les six hommes causaient:

« Il ne viendra pas, disait l'un.

— Oh! disait l'autre, tel que je le connais, il viendra à la nage.

— Mais, reprenait un troisième, vous auriez dû m'écouter: le plus simple était de lui laisser le bachot; il aurait traversé sans se douter de rien.

— Merci! mon coup de fusil tiré, je me trouvais sans défense, et avec un diable comme lui, j'étais mort.

— Es-tu sûr de l'avoir manqué?

— Son chapeau est tombé, mais il a piqué des deux, je n'ai eu que le temps de fuir !

— Écoutez-moi, dit alors celui qui paraissait le chef, un grand escogriffe qui parlait avec l'accent gascon, écoutez-moi, sangdiou! deux d'entre vous vont aller du côté de la passerelle.

— Oh! il ne vient pas par là : c'est en rase campagne, le veilleur nous aurait prévenus.

— Soit ; mais il vaut mieux aller voir. Deux

autres battront la rive. Nous resterons ici, Beau-cormier et moi, et je vous jure qu'il n'y abordera pas ! Lorsque vous aurez terminé votre exploration, vous reviendrez : nous verrons alors ce que nous aurons à faire : si nous le manquons ici, ce soir, demain nous le retrouverons ! »

Raoul écoutait, caché dans un taillis ; les quatre hommes, suivant les ordres de leur chef, partirent dans les directions indiquées et passèrent auprès de lui ; lorsqu'ils furent éloignés, Raoul s'avança à pas de loup, et se jeta sur les deux spadassins qui étaient restés à garder le bord ; d'un coup d'épée il renversa le premier, d'un coup de poing bouscula le second et le jeta à l'eau ; puis il sauta dans le bachot et traversa à force de rames, conservant son pistolet chargé pour le cas où l'un de ses ennemis viendrait au bord avec l'intention de lui envoyer un coup de mousquet.

A ce moment l'orage éclata, terrible, furieux ; la pluie tombait à torrents, le vent soufflait avec rage ; les éclairs déchiraient la nue, le tonnerre grondait effroyablement ; Raoul aborda enfin, malgré les éléments en furie ; il était temps. A la lueur d'un éclair, il vit sur l'autre rive les quatre hommes valides qui, revenus en courant à l'appel de leurs camarades, le mettaient en joue : les quatre coups partirent ensemble ; mais Raoul s'était couché à terre ; il entendit siffler les balles :

« Ce sont de bons tireurs, dit-il. Vive Dieu ! seulement ils ne sont pas malins ! »

Alors il s'en alla chercher son cheval, se couvrit de son manteau, rabattit son feutre sur ses yeux.

« Au revoir, messieurs ! » cria-t-il gaiement.

Un cri de rage lui répondit.

Il éclata de rire, donna de l'éperon et ventre à terre, sous l'ouragan, rentra à son château de Baume.

CHAPITRE II

FRÈRE JACQUES

Lorsqu'il fut chez lui, Raoul appela son valet Brin d'Amour.

« Nous partons dans une heure, lui dit-il.

— Et nous allons ?

— A Paris ; prépare tout ce qu'il me faut. Je monterai Sultan, il n'est pas fatigué ; nous nous rencontrerons en route.

— Bien : dans une heure tout sera prêt.

— Tu prendras des pistolets et tu garniras mes fontes.

— On se battra ?

— Probablement.

— Bon. Voici un paquet qu'on vient d'apporter pour vous. »

Brin d'Amour remit alors à son maître un gros paquet de parchemin et sortit sans ajouter un mot. Brin d'Amour, ancien valet de mousquetaire, habitué à l'obéissance passive, toujours content de ce qui pouvait arriver, ne répliquait jamais et parlait peu ; il n'avait vraiment d'éloquence qu'avec les femmes.

Lorsque son valet fut parti, Raoul examina les cachets de la missive : une exclamation de surprise s'échappa de ses lèvres :

« Eux ! Je les avais oubliés ! J'ai juré cependant ! »

Alors il fit sauter la cire et tira du paquet, d'abord la moitié d'une pièce d'or gravée de chiffres bizarres, puis un fragment de parchemin sur lequel étaient tracés des lettres et des signes cabalistiques ; il lut ce qui suit :

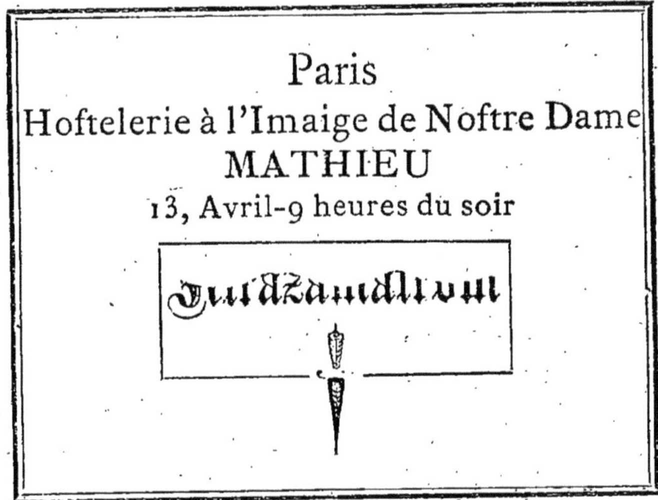

La dernière ligne lui sembla manquer de clarté ; il essaya de compléter les lettres ainsi découpées, mais n'y parvenant pas, ne voulant point perdre de temps, il refit le paquet sans chercher davantage l'explication de l'énigme, entra dans sa chambre, se vêtit de cuir à la façon des reîtres de l'époque, prit une bourse pleine d'or, garnit sa ceinture et descendit retrouver son valet dans la cour du château ; tout en frappant du talon de ses bottes aux éperons sonnant les dalles de pierre, il jetait autour de lui un regard **mélancolique**, comme un dernier adieu aux vieilles armures de la galerie et aux portraits de ses ancêtres suspendus aux murailles.

« Reviendrai-je ? murmurait-il. L'entreprise est périlleuse ! Bast ! à la grâce de Dieu ! Mes aïeux m'approuveront si je réussis ; ils me recevront là-haut si je succombe ! Donc il faut que je sois à Paris le 13 avril ; sept jours pour faire 120 lieues de poste, c'est peu ! mais puisque je dois arriver, j'arriverai. L'ordre de ce départ tombe à merveille ; je suivrai Marie et je tiendrai mon serment ; je ferai ainsi d'une pierre deux coups. Tout va bien. »

Il rejoignit Brin d'Amour ; celui-ci, déjà monté sur un bidet du pays, tenait en main Sultan qui, réconforté par quelques mesures d'avoine, piaffait d'impatience ; Raoul donna des ordres à ses serviteurs pour toute la durée de son absence, quelque prolongée qu'elle pût être, embrassa le vieil André, son intendant qui l'avait élevé, lança un dernier regard circulaire sur le château, essuya une larme, et, enfourchant son cheval, partit au galop suivi de Brin d'Amour.

L'orage était terminé : la nuit allait pâlissant ; au loin l'Aurore aux doigts de rose ouvrait au soleil les portes de l'Orient, comme disaient les poètes ; laissons notre héros galoper sur la route de Baume-les-Dames à Besançon et retournons au couvent des Bénédictines.

Le lecteur se souvient du cri qui avait arrêté Raoul dans sa descente de la muraille du monastère.

« Ma nièce évanouie ! »

Marie, en effet, surprise tout à coup par sa tante, la duchesse de Candole, avait cru prudent de s'évanouir ; de larges gouttes d'eau commençaient alors à tomber ; on emporta la jeune fille dans la maison de la chanoinesse que, d'ailleurs, elles habitaient en commun, et l'on s'efforça de la faire revenir à elle ; grâce aux soins éclairés des bonnes sœurs, Marie reprit bientôt ses sens :

« Que faisiez-vous dans le jardin à cette heure tardive, mademoiselle ? lui demanda sévèrement la duchesse. Quelque rendez-vous, encore !

— Oh ! madame ! Pouvez-vous croire ?...

— Je ne crois pas... je suis sûre...

— Madame... je me sentais souffrante... l'orage, sans doute ; je descendis au jardin pour prendre l'air, lorsque j'entendis un coup de fusil ; j'eus peur, je m'évanouis... après, je ne sais plus ! »

A ce moment quatre détonations retentirent : la duchesse eut un sourire de triomphe.

« C'est fait, murmura-t-elle ! Dieu m'absoudra. Pourquoi Raoul est-il venu se mettre entre ma nièce et lui ? Pourquoi aussi est-il venu me rappeler, alors que j'allais peut-être pardonner, la cruelle offense (1) ? J'ai juré de me venger ! C'est fait ! »

Mais Marie avait entendu les coups de fusil, elle comprit à qui ils s'adressaient, et de nouveau elle perdit connaissance ; tout en lui donnant ses soins, Mme de Candole reprit :

« Elle m'a menti : elle était avec lui lorsqu'elle m'a vue ; allons ! s'il est venu ce soir, il ne reviendra plus ! »

(1) Voir notre livre *Le secret de la chanoinesse*.

Et sûre enfin de la victoire, la sévère chanoinesse redoubla d'efforts pour rappeler sa nièce à la vie ; rien n'y faisait, Marie, pâle comme une morte, ne respirait plus : étendue glacée sur son lit, elle avait l'air d'un cadavre. La chanoinesse et les sœurs qui l'aidaient commençaient à concevoir une grande anxiété de cette syncope prolongée :

« Comme elle l'aime ! disait amèrement Mme de Candole, puis elle ajouta plus haut : Sœur Célestine, il faut envoyer chercher le médecin ; je suis vraiment très inquiète. »

A ce moment, on gratta à la fenêtre ; la chanoinesse ouvrit vivement :

« Eh bien ? interrogea-t-elle.

— Manqué ! répondit une voix.

— Manqué ! Maladroits !

— Cet homme-là, sangdiou ! c'est le diable ! Il a passé au milieu de nous comme une bombe, et quand nous avons tiré, il était déjà sur l'autre rive, caché dans les bois. Pour ma part, il m'a allongé un maître coup de poing sur l'œil, il m'a éborgné pour huit jours au moins. Mais aie pas peur ! capédédiou ! demain, je lui ferai son affaire.

— Vous savez ce que je vous ai promis si vous réussissiez ?

— Mme la chanoinesse sera servie à souhait. Ce n'est que partie remise.

— Nous partons demain au jour : il ne faut pas qu'il puisse nous suivre.

— Je vais surveiller son château avec mes hommes. Mme la duchesse sera débarrassée de lui avant midi.

— Bien ; allez ! »

Et la chanoinesse ferma la fenêtre ; elle retourna auprès de Marie. Celle-ci avait rouvert les yeux et souriait.

« Comment vas-tu ? lui demanda sa tante.

— Oh ! très bien maintenant, madame, répondit la jeune fille, et en elle-même elle pensait : « Ils l'ont manqué ; ils parlaient bas, mais j'ai entendu. Raoul est vivant ! vivant ! Ils espèrent demain le trouver ! Ah ! plaise au ciel qu'il soit déjà parti ! »

— Nous quitterons le couvent dans deux heures, mon enfant, reprit Mme de Candole ; es-tu en état de te mettre en route ?

— Oh ! oui ! je suis tout à fait guérie ?

— Apprêtez-vous donc ; je vais donner des ordres. »

Et la chanoinesse sortit. Marie lui jeta un regard de haine, de mépris, d'indignation et murmura :

« Elle a voulu le faire tuer ? Ma tante est capable d'un meurtre ! Oh ! mais je veillerai. Il m'a promis de me suivre, il me suivra, et coûte que coûte, je le préviendrai des dangers qui le menacent ! Mon Raoul ! Mon bien-aimé ! »

En prononçant ces derniers mots, elle s'était transfigurée ; son visage avait pris une expression de douceur ineffable et resplendissait d'amour. Marie était véritablement d'une rare beauté !

Deux heures après, un carrosse attelé de quatre chevaux sortait du couvent des Bénédictines ; il y avait deux laquais sur le siège, deux laquais armés galopant aux portières ; au dedans, la cha-

noinesse de Candole et Marie de Montévrain oc-
cupaient la banquette du fond ; leurs dames de
compagnie étaient sur la banquette de devant ; le
toit du carrosse et le siège de derrière étaient
chargés de paquets. Le tout filait grand train et,
passant devant Baume, gagnait, au milieu d'un
nuage de poussière, la route de Besançon.

Comme l'équipage entrait deux heures après
dans le petit village de Deluz, Marie tressaillit ;
elle venait d'entendre le cri de la chouette.

« Il est là, pensa-t-elle. » Elle regarda par la
portière, mais elle ne vit rien.

A Besançon, on relaya : là encore le cri de la
chouette éclata près du carrosse ; il en fut de
même à tous les relais ; on marchait rapidement,
on dormait peu ; la duchesse faisait doubler, tri-
pler les postes, on abattait vingt lieues par jour,
et cependant le cri de la chouette traversait l'air
partout où le carrosse s'arrêtait, soit que l'on
mangeât, que l'on dormît, ou que l'on fît souffler
les chevaux.

A la fin de la cinquième journée, comme on
approchait d'Auxerre, la duchesse de Candole
s'aperçut d'un mouvement de Marie à l'audition
de ce cri que la jeune fille connaissait si bien ; à
son tour elle y prêta quelque attention ; pressen-
tant ce dont il s'agissait, elle observa ; au troisième relais, elle était fixée :

« Quelqu'un nous suit, pensa-t-elle, et ce quelqu'un ne peut être que le comte de Nangeac ; le
cri que j'entends depuis le commencement du
voyage est un signal convenu entre ma nièce et
lui. Les autres l'auront encore manqué. Les maladroits ! les maladroits !

Elle se mit à la portière, et donna à voix basse des ordres aux laquais qui accompagnaient à cheval le carrosse : l'un d'eux partit au galop en avant de la voiture, l'autre retourna de la même allure sur la route qu'on venait de quitter. Une heure après tous deux reprenaient leur place auprès des portières, après avoir dit seulement ce simple mot :

« Rien.

— C'est bien, répondit la duchesse. Veillez. » Et elle fit prendre au carrosse des chemins de traverse.

Au relais suivant, le cri de la chouette ne se fit plus entendre ; on s'arrêta pour dormir à Villeneuve-sur-Yonne ; la chouette ne chanta pas davantage ; il n'y avait personne à l'auberge qu'un moine qui dormait à poings fermés dans un coin.

« Nous en voilà débarrassés, murmura la chanoinesse ; il est ou ils sont dépistés. »

Confiante alors, après un bon souper, elle monta dans sa chambre, se coucha, et s'endormit.

Le matin, au petit jour, nos voyageuses reprirent leur route ; comme on approchait de Sens, le carrosse s'arrêta brusquement :

— Qu'est-ce donc ? Qu'y a-t-il ? exclama Mme de Candole.

— C'est, répondit un des valets, un moine qui est étendu au travers de la route.

— Un moine ? »

Et la chanoinesse descendit avec Marie et ses femmes, tandis que les laquais mettaient pied à terre.

C'était un moine, en effet, qui gisait à terre ; il poussait des cris à fendre l'âme :

« Ah ! Seigneur Jésus ! Ils m'ont tué ! *Bone Deus*, je suis mort ! *Sancta Maria*, ayez pitié de moi ! Saint Jacques, mon patron, secourez-moi ! *ora pro nobis !*

— *Amen !* dit la chanoinesse en s'approchant du pauvre homme.

Mais celui-ci, voyant qu'on se dirigeait vers lui, essaya de se lever, et ne pouvant y réussir, s'exclama de plus belle :

« Au secours ! Les voilà ! Les voilà encore ! Ils vont m'achever ! grâce ! ne me faites pas de mal ! je suis un pauvre moine mendiant ! Grâce ! messeigneurs !

— Mais taisez-vous donc ! se mit à crier à son tour la chanoinesse impatientée. Nous ne vous voulons que du bien ! Diable de braillard qui hurle avant qu'on ne l'écorche ! »

Mme la chanoinesse avait, on le voit, le parler un peu leste ; mais la chose à cette époque était bien portée dans la noblesse et surtout dans les communautés religieuses, où la piété faisait bon ménage avec la liberté, la licence même de la conversation.

Le moine leva les yeux ; autant qu'il était possible de le voir sous le capuchon qui l'enveloppait, le visage était jeune, une grande barbe lui servait de cadre et cachait les joues :

« Pitié, bonnes gens ! cria-t-il tout tremblant.

— Enfin, que faites-vous là ?

— Ils m'ont battu !

— Mais encore ?

— Ils m'ont roué de coups !

— Expliquez-vous !

— Ils m'ont dépouillé !

— Comment cela ?

— Aïe ! les reins ?

— Vous souffrez ?

— Ah ! madame la chanoinesse ! je vous salue !
Aïe ! mes jambes ! oh ! mon dos !

— Répondez donc ! que vous est-il arrivé ?

— Aïe ! aïe ! mais il y a une justice !

— Sans doute !

— On n'a pas le droit de frapper un moine...

— Non ! non !

— Un digne moine qui ne fait de tort à personne !

— On n'a pas le droit !

— Qui mange tranquillement sur le bord de la
route, une aile de chapon offerte à Villeneuve par
l'hôtelier.

— C'est vous qui étiez hier à Villeneuve !

— Oui ! Et qui buvait gentiment, en pensant à
Dieu, une vieille gourde de vieux bourgogne.

— Mais dites-moi !...

— Ils m'ont pris mon chapon ! Les misérables !

— Si vous vouliez...

— Ils ont vidé ma gourde, les ivrognes !

— Il faudrait que...

— Ils m'ont bâtonné. Je me vengerai !

— Enfin, mon frère, exclama la chanoinesse,
voulez-vous me répondre, oui ou non !

— Je le veux.

— Vous étiez à Villeneuve hier soir ?

— Quand vous arrivâtes ! J'y dînai d'une belle
omelette dorée, d'un poulet rôti, d'un...

— Et après, vous êtes parti à pied ; où allez-vous ?

— A Paris ; je me suis mis en marche dans la nuit, le corps bien lesté par un ou deux verres de...

— Vous avez rencontré des voleurs ?

— Oui : un jeune homme, à peine habillé d'une culotte et d'un vieux justaucorps ; je m'étais assis sur le bord de la route ; je déjeunais ; le soleil se levait ; tout à coup ils me saisirent...

— Qui, ils? Vous dites un jeune homme!

— Ai-je dit un jeune homme? Ils étaient deux ! Ils me dépouillèrent, me prirent ma bourse, ma besace où étaient mes provisions, et me battirent jusqu'à ce que je tombasse comme mort sur la place! Vous voici, secourez-moi ! A boire ! *Nunc est bibendum!*

La chanoinesse n'avait pas très bon cœur, mais elle pensa que sa religion lui commandait la pitié et qu'il était de son devoir de venir en aide à ce malheureux. Elle lui fit donner à boire, à manger et lui proposa de l'emmener à Paris dans son carrosse : le moine accepta ; on grimpa une des femmes sur le siège et frère Jacques — c'était son nom — prit place sur la banquette de devant, en face de Marie.

Les chevaux venaient à peine de se mettre en marche, lorsqu'on aperçut un jeune homme tout déguenillé qui courait, affolé, en criant :

« Au secours !

— Ah ! fit le moine, c'est mon voleur !

— Votre voleur ? » dit la duchesse, et se penchant à la portière, elle donna un ordre au laquais.

Celui-ci appela son camarade : tous deux se dirigèrent alors vers le jeune homme qui essaya de fuir ; ils mirent leurs chevaux au galop et le rejoignirent promptement :

« Rends la besace du moine, canaille, lui dit l'un des valets, ou je te tue de ma main.

— Ne me faites pas de mal, criait le pauvre diable. C'est moi le moine !

— Ah ! c'est toi le moine, misérable, reprit l'autre valet : eh bien ! voilà pour t'apprendre à mentir ! et de son fouet il lui cingla les reins.

— Tapez, tapez fort ! » criait frère Jacques à la portière du carrosse.

Marie, émue, demanda grâce pour le malheureux ; les valets cessèrent de frapper, mais, arrachant des branches aux buissons, ils tressèrent des liens et attachèrent le voleur à un arbre, malgré ses cris et ses protestations.

« Te délivrera qui pourra », lui dirent-ils en manière de consolation ; puis ils vinrent reprendre la garde du carrosse et l'on repartit.

Il ne fut pas longtemps question de l'incident ; frère Jacques avait l'air fort satisfait ; bientôt on se mit à causer de choses et d'autres : la chanoinesse raconta qu'elle allait à Paris, qu'elle descendait à l'hôtel de Candole, qu'elle était heureuse d'arracher sa nièce au couvent de Baume-les-Dames, où elle avait contracté un amour secret pour un jeune seigneur de conduite légère, et indigne d'elle ; que si Marie ne voulait pas enfin entrer en religion et se consacrer au culte du Seigneur, elle lui ferait épouser un gentilhomme de l'entourage du cardinal, lequel avait une grande amitié pour la maison de Candole ; bref, la chanoinesse exposa tous ses plans au moine qui approuvait de la tête et s'indignait que Mlle de Montévrain préférât se marier à quelque galant de province plutôt que de demeurer au couvent pour le service de Dieu et de saint Benoît.

Marie rougissait et pâlissait tour à tour ; le ton nasillard du moine l'agaçait, et puis ces conseils cadraient mal avec sa passion pour la bonne chère et son allure de bon vivant.

« Ne croyez-vous pas, disait le digne frère à Mme de Candole, que le jeune homme cherchera à rejoindre votre nièce ? *Bone Deus !* S'il allait y réussir !

— C'est impossible, répondit la chanoinesse. L'hôtel de Candole est entouré de jardins bordés de hautes murailles ; il y a bien une petite porte, mais elle est toujours fermée à double tour ; la serrure est à secret et j'en garderai la clef dans un trousseau qui ne me quitte jamais. »

Le moine poussa du pied le pied de Marie ; celle-ci lui jeta un regard d'indignation.

— Et vous, mon père, reprit la chanoinesse, où allez-vous ? »

— A l'hôtellerie à l'Image Notre-Dame, rue du Bouloy, pour vous servir. Si vous avez besoin de moi, envoyez là un billet ; il me sera remis. »

Et disant ces mots, il poussa de nouveau le pied de Marie qui le regarda tout interdite.

Le septième jour, on arriva à la porte Saint-Antoine ; Marie et le moine remarquèrent, à l'entrée, un laquais tenant en main un magnifique cheval couvert d'écume ; à ses pieds gisait un pauvre bidet, mort de fatigue sans doute. Marie crut reconnaître Brin d'Amour, mais le carrosse marchait vite, elle perdit de vue le valet sans pouvoir s'assurer de la ressemblance.

On atteignit enfin l'hôtel de Candole ; la chanoinesse, devenue en deux jours folle de son moine qui lui paraissait aimable et de bon conseil, le conviait à descendre dans son hôtel, lorsque celui-ci ouvrit tout à coup la portière, sauta à terre et disparut.

Le cri de la chouette retentit aussitôt ; deux exclamations, mais d'intonations bien différentes, partirent en même temps du carrosse : Marie criait de joie, la chanoinesse de colère ; toutes deux avaient enfin compris que le moine qui les avait, pendant ces deux jours, accompagnées, n'était autre que Raoul de Nangeac.

Aussitôt revenue de sa surprise, Mme de Candole mit ses valets à la recherche du moine détesté ; mais ceux-ci ne trouvèrent personne : à peine s'ils aperçurent dans le lointain, un jeune seigneur de bonne mine, monté sur un magnifique cheval couvert d'écume, marchant au pas, suivi d'un laquais qui semblait lui parler de choses graves, tant il gesticulait d'une façon désordonnée.

CHAPITRE III

COQUELICOT ET BEAUCORMIER

Il fallait en effet que les événements fussent bien graves pour que Brin d'Amour, car c'était lui, on l'a deviné, se décidât à parler à son maître avec autant de volubilité et des gestes si violents :

« Oui, monsieur le comte, oui, j'en suis certain. Le moine que vous avez laissé attaché à un arbre sur la route de Sens est ici, accompagné d'un grand escogriffe qui parle avec l'accent gascon et jure des sangdiou, sangodémi, sandis, à faire frémir une âme chrétienne !

— Tu dis qu'il est grand et qu'il a l'accent gascon ? tu crois que l'autre c'est ce maudit moine ?

— Lorsque je suis passé près d'eux, ils se sont tus, mais pas assez tôt cependant pour que je n'aie pas entendu le moine prononcer votre nom.

— Mon nom ?

— Votre nom ; le Gascon lui répondait : « Beaucormier, mon ami, tu n'es qu'un sot : il fallait tuer le gentilhomme ; la prime était gagnée et la duchesse de Candole ne nous appellerait plus maladroits comme l'autre jour ! — Coquelicot, mon ami, dit alors le moine, c'est toi qui n'es qu'un sot. Tu as manqué l'homme sur le rivage et il t'a appliqué sur l'œil un coup de poing dont tu te souviendras. Aidé de son valet, il m'a attaché, battu, dépouillé de ma soutane. C'est un diable. Voilà ! — Sangdiou ! je n'irai pas chez la duchesse de Candole avant d'avoir tué ce hobereau ! allons, Beaucormier, allons revêtir une mise décente, le Cardinal nous attend, et, tu le sais, il ne faut pas faire attendre le Cardinal ! » Puis, ils se sont tus et je n'ai plus rien entendu.

— Le Cardinal ? Ils allaient chez le Cardinal ?

— Ils y allaient.

— Qu'ont de commun ces spadassins et ce moine avec Mazarin ? pensa Raoul. Ah ! défions-nous ! Cet homme-là a des espions partout ! »

Puis, s'adressant à Brin d'Amour, il lui dit à voix basse :

« A l'entrée de la rue du Bouloy, il y a une auberge « *A l'Arche de Noé* » ; c'est là que nous allons descendre. Je t'y laisserai, et, reprenant mon costume d'autrefois de clerc en Sorbonne, j'irai seul, sans équipage, habiter à l'*Image de Notre-Dame* : il ne faut pas que dans cette hôtellerie, du moins, je puisse être reconnu. L'*Arche de Noé* est fréquentée par les gens du Cardinal ; on m'y verra ce soir ; demain tu raconteras que je suis parti pendant la nuit pour une mission secrète de M. de Condé en Bretagne ; que je reviendrai dans un mois, puis tu écouteras ce qui se dira autour de toi, tu feras causer les hommes de

Monseigneur, et tu me tiendras au courant. Tiens, voilà de l'argent... » Ce disant, il lui remit une bourse pleine d'or.

— Bien, où vous verrai-je? répondit le valet.

— Tous les jours, au Pont-Neuf : c'est la promenade accoutumée des Parisiens, gentilshommes, nobles dames, bourgeois ou manants; c'est dans la foule qu'on se cache le mieux : je serai vers trois heures, chaque après-dînée, au pied de la statue d'Henri IV, ne manque pas d'y venir ; et auparavant, informe-toi toujours de ce qui peut m'interresser. »

Tout en bavardant, ils étaient arrivés à l'*Arche de Noé* ; Raoul de Nangeac pénétra dans la cour en faisant piaffer son cheval, il cria très haut son nom aux valets; plusieurs gardes du Cardinal et autres spadassins que Mazarin avait à ses gages se poussèrent le coude, quelques-uns même sortirent aussitôt de l'hôtellerie, en se faufilant le long des murs ; Raoul avait obtenu ce qu'il désirait ; tout le monde l'avait vu entrer, l'avait entendu demander un logement luxueux pour lui et son valet. Il se fit servir à boire, cria, se disputa, embrassa les servantes, parut fendant, insupportable, et finalement monta dans sa chambre.

Une heure après, il en descendait entièrement transformé, les cheveux coupés ras, la lèvre sans moustache, coiffé d'un chapeau sans plume, le rabat au cou, habillé d'un long vêtement noir, d'une culotte noire sans rubans et sans dentelles, et chaussé de souliers à boucles d'argent ; il avait l'air, la tournure d'un abbé, ou pour mieux dire, d'un étudiant en théologie : il sortit inaperçu.

« Jamais, pensait-il en s'en allant, jamais je n'ai été si heureux d'avoir fait mes humanités. »

D'un pas tranquille il se dirigea vers l'autre bout de la rue où se trouvait située l'hôtellerie *A l'Image de Notre-Dame*.

Pendant ce temps, de curieux incidents réunissaient sur la route de Sens des personnages que nous avons déjà aperçus, mais que nous devons enfin présenter au lecteur.

L'homme attaché à un arbre par le valet de la duchesse de Candole, celui-là même qui criait : « C'est moi qui suis le frère Jacques ! » et aux hurlements duquel Raoul, le faux moine, avec plus d'habileté que de générosité, répondait : « Frappez fort ! », l'homme, dis-je, portait trois noms qu'il mettait, selon l'occurrence, au service de ses petits talents ; sous celui de maître Beaucormier, il apparaissait comme un brave marchand de lainage, bourgeois de Beauvais en Beauvoisis ; sous celui de frère Jacques, il ressemblait à s'y méprendre à l'un de ces moines mendiants qui sillonnaient alors la France et sur le passage desquels on fermait les armoires ; enfin sous celui de Dom Rigodom, il se faisait passer pour un frère prêcheur de l'ordre des Dominicains.

Beaucormier était un personnage de mœurs austères, tranquilles et douces ; il avait l'horreur des combats, des coups d'épée, et n'acceptait les coups de bâton que lorsqu'il lui était vraiment impossible de faire autrement ; son rêve était d'être honnête homme ; mais il n'avait jamais eu de chance. Aux débuts de sa vie, comme il était frère lai au service d'un couvent, on trouva dans sa couche des objets de valeur que l'on recher-

chait depuis longtemps, et qui, selon lui, avaient
été cachés dans sa paillasse par des gens qui lui
en voulaient : seulement il ne pouvait dire lesquels ; on le chassa ; il en fut très contrarié, ayant
juré de se dévouer à la religion de ses père et
mère.

Après avoir quelque temps erré à l'aventure et
vécu du produit de la vente de menus objet qu'i
avait emportés par *mégarde*, il devint, à son grand
regret, le valet d'un huguenot qui le convertit au
protestantisme et lui fit épouser sa gouvernante.
Mais bientôt il conçut des remords de son aposta-
sie et se livra à la boisson pour les étouffer ; ce fut
en vain. Un jour, sa conscience lui parla si haut
qu'il résolut la perte de celui qui l'avait entraîné ;
il eut le malheur de se confier à quelques amis, et
le huguenot s'étant peu après laissé mourir d'un
coup de couteau dans le ventre, Beaucormier fut
arrêté, jeté en prison ; il n'avait rien fait, il en
était assuré, mais plutôt que d'attendre la décision
de la justice, il faussa compagnie à M. le grand
prévôt et s'en retourna chez Mme Beaucormier :
Mme Beaucormier, après la mort de son maître,
avait fui avec un soldat aux gardes. Inconsolable,
obligé de se cacher, — car M. le grand prévôt,
tenant beaucoup à sa société, le fit rechercher
pendant plus de quinze mois, — Beaucormier
courut la province ; à Avignon, il fut reçu par des
moines et entra dans leur couvent en qualité de
domestique ; une nuit, comme il était occupé dans
la chapelle à élever son âme à Dieu, il vit un grand
diable d'homme, armé de pistolets, qui lui fit signe
de s'approcher : le grand diable d'homme était en
train de dévaliser le tabernacle ; il lui ordonna de

l'aider, sous peine de mort : Beaucormier n'hésita pas, il s'enfuit du couvent avec son complice, emportant tous les objets précieux qu'il pût trouver. Ce n'était pas de sa faute, l'autre l'avait forcé, et quel guignon ! juste au moment où il allait enfin vivre honnêtement.

L'autre était Coquelicot : Coquelicot était un de ces spadassins, toujours prêts à se vendre au plus offrant, et que les guerres d'Henri IV avaient attirés à Paris ; débarqué un beau matin du fin fond de la Gascogne, il avait suivi tous les partis les uns après les autres, mais toujours il avait pillé à son bénéfice. Il s'entendit fort bien avec Beaucormier ; Beaucormier était la tête ; il représentait le conseil, la prudence, la raison ; Coquelicot était le bras ; il représentait l'action. De cet accouplement de deux talents si variés devaient naître des actions d'éclat au bout desquelles la potence apparaissait comme une apothéose.

A l'époque où commence notre récit, nos deux amis appartenaient au Cardinal ; c'est le Cardinal qui les avait indiqués à Mme de Candole comme des hommes fort capables de lui rendre service dans la vengeance qu'elle disait avoir à exercer ; de plus, Mazarin avait profité de leur voyage à Baume-les-Dames pour leur faire surveiller quelques gentilshommes retirés dans leurs terres depuis son avènement, et qu'il soupçonnait de conspirer contre lui.

Nous avons vu comment, prévenus par la chanoinesse que Marie avait involontairement éclairée, ils avaient tendu un guet-apens à Raoul de Nangeac, comment ils l'avaient manqué. Le lendemain, Beaucormier, sans perdre un instant, prenait la route de Paris, devançant de quelques heures le carrosse de la chanoinesse et le cheval du jeune comte ; pendant ce temps, Coquelicot, avec quelques bons enfants de sa connaissance, après avoir un peu bu, un peu joué, se mettait à la recherche de Raoul ; comme bien l'on pense, il ne le trouva pas ; il apprit dans la journée le départ du comte et se mit à sa poursuite ; il faillit le rejoindre à Villeneuve-sur-Yonne, grâce à des relais largement payés avec l'argent de la chanoinesse. L'ayant encore manqué de deux heures, il déjeuna et reprit son voyage.

Mais quel ne fut pas son étonnement lorsqu'à une lieue de Villeneuve, il aperçut Dom Rigodom, frère Jacques ou maître Beaucormier, comme vous [voudrez, solidement attaché à un arbre. « Que t'est-il arrivé ? Parle, parle donc ! lui demanda-t-il.

— A boire ! à boire ! répondait le pauvre diable.

Coquelicot lui donna sa gourde ; lorsqu'il l'eut à moitié vidée, Beaucormier raconta son histoire ; il était arrivé, en jetant sur sa route, à pleines mains, l'or de la duchesse de Candole et de monsieur le Cardinal, à gagner, il s'en était aperçu plus tard, plusieurs heures sur Raoul. A Villeneuve, il avait rencontré deux amis à lui et organisé avec eux un petit complot contre le comte. Il était convenu que les deux hommes iraient se poster en avant de Villeneuve ; que Beaucormier passant inaperçu dans son costume de moine, attendrait Raoul, qu'il le suivrait et qu'en approchant du lieu du guet-apens, il sifflerait trois fois pour le faire connaître à ses complices ; alors tous trois, Beaucormier lui fermant la retraite, tireraient sur lui et l'achèveraient à coups d'épée. Si au contraire Raoul n'arrivait pas, c'est qu'il n'était pas parti, ou que Coquelicot l'avait expédié en chemin ; dans ce cas on attendrait à Villeneuve, où l'auberge était bonne, la venue ou les ordres du Gascon.

Malheureusement pour Beaucormier, Raoul ne s'était pas arrêté à l'hôtellerie ; il avait poussé plus avant, puis, revenant sur ses pas, il avait rencontré Beaucormier qui allait prendre son poste : là, il lui avait couru sus, l'avait renversé, lui avait arraché sa robe et ses sandales, avait revêtu son costume, puis il avait donné l'ordre à Brin d'Amour de gagner Paris avec son cheval et ses armes, d'emmener celui qu'il prenait pour un moine, et de le lâcher dans la campagne à quelques lieues de là.

Une fois déguisé, Raoul se promenait sur la route attendant le carrosse qui emportait Marie, lorsqu'il rencontra les deux sbires ; ceux-ci, le prenant pour Beaucormier, lui demandèrent les ordres et si Raoul de Nangeac allait bientôt venir ; le comte eut d'abord l'idée de les frapper de son épée, mais il se souvint qu'il était sans armes ; rabattant alors son capuchon sur ses yeux, il leur ordonna de retourner à Tonnerre et de l'attendre, que c'était là qu'était Raoul, que là enfin on ferait le coup. Les camarades de Beaucormier partirent ; pour celui-ci, échappé aux mains de Brin d'Amour, il avait rencontré l'équipage de la duchesse et, malgré ses cris, subi le traitement que l'on connaît.

Brin d'Amour, caché dans un taillis, avait assisté à la scène ; rassuré alors sur le sort de son maître, il avait gagné Paris où son bidet était mort de fatigue en arrivant à la porte Saint-Antoine : de là il avait rejoint le comte à l'hôtel de Candole ; on sait le reste ; on sait comment, après avoir sauté du carrosse de la chanoinesse, Raoul avait dépouillé son costume de moine, arraché la fausse barbe qu'il avait trouvée dans la poche de la robe et qui l'avait rendu méconnaissable, et comment il se dirigeait maintenant, vêtu en clerc de Sorbonne, vers l'hôtellerie « à l'Image de Notre-Dame. »

L'hôtellerie à l'Image de Notre-Dame, avec sa grande enseigne de fer découpé représentant une sainte Vierge donnant à téter au petit Jésus, était une des plus anciennes et des plus achalandées de l'époque ; située au carrefour du Bouloy, en face du Louvre, elle était surtout fréquentée par les chevau-légers, les gardes royales, les mousquetaires et tous ceux qui, à cette époque où tout le monde conspirait, tenaient pour Anne d'Autriche et le Dauphin contre le cardinal Mazarin : habiter à l'Image de Notre-Dame c'était presque faire une profession de foi, comme c'était affirmer ses sentiments pour Son Eminence que de loger à l'Arche de Noé.

Maître Louchard, l'heureux propriétaire de l'hôtellerie à l'Image de Notre-Dame qui avait eu l'honneur d'abriter M. de Malherbe lui-même, était pour la famille royale : aussi quand les gens du Cardinal venaient à passer pour se rendre à l'Arche de Noé, ils l'injuriaient à l'envi.

« Nous te ferons rôtir à ta propre broche, maître Louchard !

— Maître Louchard, tu seras pendu.

— Maître Louchard, Son Eminence te donne

encore vingt-quatre heures à vivre ! Va la remercier ! »

Maître Louchard se cachait alors derrière les
mousquetaires ou les gardes du palais ; ceux-ci
sortaient et c'étaient chaque jour des batailles, des
cliquetis de fer, des cris de blessés qui jetaient le
trouble dans la rue du Bouloy ; puis tout s'apai-
sait, chacun s'en allait boire à son cabaret préféré ; cela n'avait pas d'importance.

Le 13 avril, à huit heures du soir, maître Louchard, en attendant le couvre-feu, ses deux larges
mains appuyées sur son gros ventre sanglé de
blanc, ses narines largement ouvertes, humait
l'air avec le calme d'une conscience pure, lorsqu'un jeune homme tout de noir habillé se présenta à lui :

« Maître Mathieu ? demanda l'étranger.

— Etes-vous celui qu'il attend ? répondit
l'hôte.

— Sans doute.

— Le mot de passe ?

— Dieu et mon roy.

— Maître Mathieu n'est pas encore de retour ;
lorsqu'il reviendra, je vous ferai prévenir. Entrez
dans la salle, et attendez.

— Je voudrais souper. »

L'hôte, jetant un regard sur la mise simple de
son interlocuteur, ne jugea pas à propos de se
déranger ; il appela Marton, sa servante, et lui
ordonna de faire souper le clerc de procureur qui,
suivi de la bonne, entra dans l'hôtellerie.

A ce moment un grand bruit de voix vint frapper l'ouïe de maître Louchard :

« Sangodémi, disait l'une, je me ferais tuer

pour la Reine ! Anne d'Autriche est bien la plus belle femme du royaume !

— Si mes faibles prières, disait l'autre, pouvaient lui conserver une existence éternelle !...

— Voilà, murmura maître Louchard, de bons serviteurs de la régente. »

Les bons serviteurs se dirigeaient vers lui : l'un était un grand escogriffe, orné d'une longue rapière, coiffé d'un large chapeau qu'embellissa t une longue plume blanche, portant une casaque de satin bleu serrée à la taille par une écharpe de soie orange, galonnée sur toutes les coutures ; l'autre était un moine dominicain dont toute la personne respirait la bonne santé et la belle humeur.

Le grand escogriffe parla le premier :

— Maître Louchard, dit-il, mon frère cadet Dom Rigodom, que sa naissance a forcé d'entrer dans les ordres et moi qui reviens de combattre en Espagne avec une blessure à la cuisse dont je suis à peine guéri, nous sommes heureux de saluer en vous l'un des plus fermes appuis du trône et de la religion !

Maître Louchard se rengorgea :

— Monseigneur me flatte, répondit-il.

— Non ! non ! maître Louchard ! je ne flatte point. Je vous connais, ne faites donc point le modeste ! Ah ! il ne sera pas dit, n'est-ce pas, mon frère (le dominicain s'inclina) ? il ne sera pas dit que le baron de Siorac de Belvès passera devant votre hôtellerie sans y vider un pot !

L'hôte salua jusqu'à terre.

Coquelicot, que nos lecteurs ont reconnu, aimait dans ses moments de gaieté à se donner du baron et le nom de son pays natal lui allait à ravir : suivi de Dom Rigodom, il pénétra dans l'hôtellerie.

Le jeune clerc mangeait tranquillement dans un coin ; en les apercevant, cependant, il tressaillit ; puis sans doute aussitôt rassuré, il reprit son repas.

Maître Louchard descendit lui-même à sa cave; il remontait bientôt, apportant plusieurs bouteilles de son meilleur vin ; il déboucha l'une d'elles avec un soin pieux et servit la liqueur vermeille à ses nouveaux hôtes dans ses plus beaux gobelets : Dom Rigodom prit le sien rapidement et le porta à ses lèvres ; Coquelicot, lui mettant la main sur le bras, l'arrêta :

— Contenez-vous, mon frère, dit-il ; la gourmandise est une mauvaise passion ! puis se tournant vers maître Louchard : Ne nous ferez-vous pas raison, maître Louchard ?

— C'est trop d'honneur, monseigneur, répondit l'hôte en balbutiant.

— Allez chercher un gobelet, maître Louchard ; je sais que votre conversation est pleine d'agrément.

Maître Louchard se confondait en excuses, puis en salutations, puis s'assit. Au bout d'un quart d'heure, nos trois ivrognes avaient déjà vidé trois fioles et protesté vingt fois de leur fidélité à la Reine-mère, de leur dévouement à monseigneur le Dauphin. Lorsque la langue de maître Louchard, auquel on servait double ration, commença à s'embarrasser, Coquelicot, la tête toujours solide, lui demanda avec un air d'insouciance :

« N'est-ce point chez vous qu'habite un seigneur du nom de Mathieu ? »

Le clerc dressa l'oreille.

« Mathieu ? ah ! oui ! Mathieu, répondait l'hôte. Oui, c'est ici. C'est aussi un bon serviteur de Sa Majesté la Reine Anne, que Dieu conserve !

— Je l'ai beaucoup connu. C'est un gentilhomme d'une conduite exemplaire : il n'a qu'un défaut, il se cache trop de ses amis. Parfois il disparaît pendant deux ou trois jours, et on ne sait où il va, n'est-ce pas, maître Louchard ?

— On ne le sait pas, monseigneur.

— Il vit dans le mystère ! j'ai quelque idée qu'il conspire ? »

Maître Louchard sourit ; il allait accompagner son sourire de réflexions complémentaires, lorsque l'on heurta avec le marteau de la porte ; maître Louchard alla ouvrir en titubant : un homme entra ; c'était un personnage de trente-cinq ans environ, vêtu de velours noir brodé de jais, coiffé d'un chapeau à plume noire, portant l'épée ; il avait rejeté sur son bras un manteau sombre : sa physionomie respirait la franchise et l'honnêteté, et prévenait tout d'abord en sa faveur : sa tournure était celle d'un gentilhomme.

Il fit quelques pas, salua gracieusement, sans dire un mot, gagna l'escalier du fond et disparut.

L'aubergiste s'approcha du jeune clerc.

« C'est lui, » dit-il à voix basse, tandis que le soldat poussait le coude du dominicain.

Neuf heures sonnaient à l'horloge de Saint-Germain-l'Auxerrois.

Le clerc se leva, coiffa son chapeau, marcha

droit aux deux compagnons qui buvaient à l'autre extrémité de la salle, ouvrit une fenêtre derrière eux, saisit délicatement Coquelicot dans ses deux mains, et, avec une force dont on ne l'aurait pas soupçonné, le jeta dans la rue ; avant que nos compères fussent remis de leur surprise, Dom Rigodom, enlevé de la même façon, suivait le même chemin.

Puis, tranquillement, notre clerc referma la fenêtre, et alla mettre les verrous à la porte ; cette opération terminée, il dit à maître Louchard, stupéfait :

« Pour ta sécurité et pour la nôtre, ces gens ne doivent pas rentrer ici ; il y va de ta vie, de celle de Mathieu et de la mienne. Ce sont des espions du Cardinal.

— Que dites-vous là ! Et qui me payera le vin qu'ils ont bu ?

— Sois sans inquiétude. J'en réponds. Mais jure-moi sur ta tête que tu ne leur ouvriras pas !

— Je le jure.

— Bien. »

Et le clerc, gagnant l'escalier du fond par lequel venait de disparaître le gentilhomme, monta au premier étage.

CHAPITRE IV

NIRAZAMATROM

Lorsqu'il fut arrivé sur le palier du premier étage, le clerc se trouva dans l'obscurité.

« Ah bien ! pensa-t-il, j'aurais du moins pu auprès de l'hôte m'informer de la chambre de Mathieu ! » Il se dirigeait à tâtons, craignant à chaque moment de se rompre le cou dans l'escalier, lorsqu'il remarqua une légère lueur sous une porte ; il frappa ; une voix répondit :

« Qui est là ?

— Je demande maître Mathieu ! puis, sans attendre davantage, il murmura doucement le mot de passe, « Dieu et mon Roy ».

— Je vais ouvrir, » fit encore la voix.

Le clerc entendit un pas qui s'approchait, le bruit d'une clef grinçant dans la serrure, des verrous tirés ; la porte s'ouvrit et le gentilhomme qu'il avait déjà vu traverser l'hôtellerie apparut :

« Êtes-vous l'homme *que j'attends ?* dit celui-ci ;

— Je suis celui-là !

— C'est bon, entrez. »

Le mystérieux personnage, après avoir fait passer le jeune homme devant lui, referma la porte avec soin, remit les verrous, barricada l'entrée ;

« Asseyez-vous », reprit-il ensuite.

Le clerc s'assit.

« On ne saurait avoir trop de précautions par le temps qui court, dit-il encore. Nous sommes entourés d'espions.

— Je le sais, il y en avait deux dans la salle, en bas.

— Qu'en avez-vous fait ?

— Je les ai jetés par la fenêtre.

— Bien. »

Le gentilhomme approuvait ainsi d'un mot, sans étonnement.

« Avez-vous la pièce d'or ? demanda-t-il.

— La voici. »

Et le clerc tira de sa poitrine la moitié d'une pièce d'or couverte de signes : le gentilhomme prit dans une bourse une moitié semblable ; les deux fragments réunis concordaient parfaitement.

« Et l'ordre ?

— Voilà. »

Le clerc posa sur la table un morceau de parchemin.

« Et voilà le mien, » dit le gentilhomme.

Il montra alors un parchemin absolument semblable, sur lequel le clerc lut :

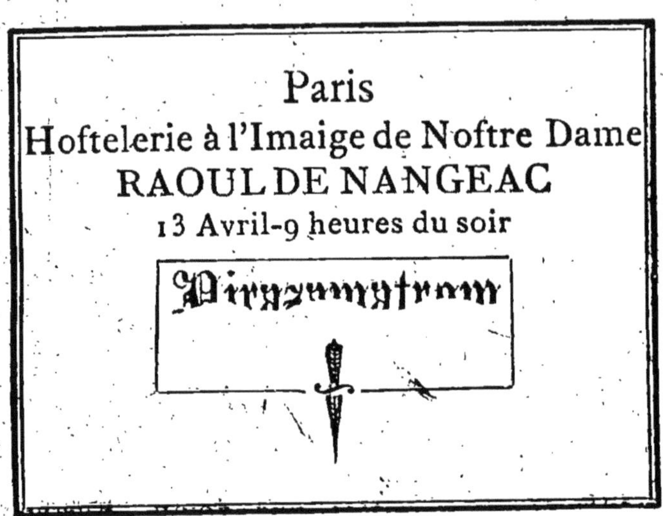

« Ainsi, reprit le gentilhomme, vous êtes
bien ?...

— Le comte Raoul de Nangeac. Et vous ?

— Je suis le chevalier Mathieu de Léris. »

Les deux jeunes gens se saluèrent et se serrè-
rent la main : après ces premières effusions,
Raoul demanda à son hôte :

« Que signifie la dernière ligne de cet ordre ?

— Rapprochez le mien du vôtre : là ; vous le
voyez, les lettres concordent.

— Parfaitement.

— Ne lisez-vous pas un mot ?

— Oui. »

En effet, les deux parchemins étant pliés et
juxtaposés, la ligne suivante apparaissait :

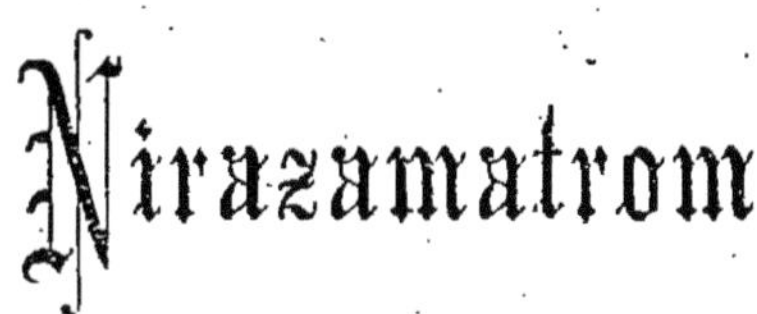

« Eh bien ? fit Raoul surpris, quel est ce langage ? que signifie ce mot ? Est-ce de l'allemand, du chinois, ou de l'espagnol ?

— Vous ne savez pas lire ? répondit en riant le chevalier.

— Je suis docteur en théologie.

— Allons, vous n'êtes pas devin. Écrivez la phrase en commençant par la fin : c'est bien, que voyez-vous ?

— Ah ! mon Dieu ! exclama le comte, suis-je... bête !

MORT A MAZARIN !

— C'est bien cela. Vous comprenez maintenant ?

— Sans doute. Que dois-je faire ?

— Accomplir l'ordre.

— Quand ?

— Cette nuit même.

— Seul ?

— Avec moi.

— Qui nous introduira auprès du condamné ?

— Moi.

— Tout est-il prêt ?

— Tout. Nous avons été choisis tous les deux

pour le mettre à mort : j'ai pris mes précautions. A minuit, avec l'aide de Dieu, il aura cessé de vivre. »

Le cœur de Raoul battait à rompre sa poitrine ; il restait en admiration devant ce personnage, froid, réservé, qui conspirait sans embarras, tranquillement, et parlait d'aller assassiner le Cardinal avec la même insouciance que s'il s'agissait d'une partie de plaisir.

« Lequel de nous frappera ? demanda-t-il enfin.

— Moi, répondit Mathieu.

— Pourquoi pas moi, n'avons-nous pas été désignés tous deux au même titre ?

— Sans doute : mais j'ai une vengeance personnelle à exercer. Le Cardinal a fait tuer celle que j'aimais : mon bras ne tremblera pas. Vous garderez la porte et la défendrez contre les curieux.

— Croyez-vous que mon bras puisse trembler ?

— Je ne doute pas de votre courage !

— Mais vous refusez de l'éprouver ! »

Il y eut un moment de silence : Mathieu le rompit le premier.

« Vous tenez donc beaucoup à porter vousmême le coup fatal ?

— Beaucoup ; plus qu'à ma vie. La mort de Mazarin retire à la tutrice de celle que j'aime toute sa puissance ; je triompherai alors et j'épouserai Marie.

— Marie ? Celle que j'aimais s'appelait aussi Marie. Elle est morte . »

Le visage du gentilhomme était devenu sombre ; il se tut encore un moment, puis il reprit :

4

» Savez-vous jouer aux dés ?

— Singulière question.

— Répondez-moi. Savez-vous ?

— Mais oui.

— Eh bien ! jouons une fiole de malvoisie et le droit de frapper le Cardinal.

— Soit, fit Raoul en souriant. Cela nous mettra d'accord.

— Holà, l'hôte ! cria alors Mathieu dans l'escalier. Du malvoisie et les dés ! »

Maître Louchard, quelques minutes après, faisait son apparition, portant dans une main des gobelets, dans l'autre les cornets et les dés, sous chaque bras une bouteille respectable toute couverte de poussière grise et de toiles d'araignées :

« Merci, va-t'en !» dit Mathieu ; puis, quand l'hôtelier fut sorti, il versa le vin dans les verres.

Raoul leva le sien.

— A la Reine ! dit-il.

— A la mort de l'Italien ! répondit le chevalier.

Après avoir trinqué, ils commencèrent à jouer.

Au premier coup, Raoul amena six ; Mathieu amena cinq.

« Vous avez la chance pour vous !

— Oh ! en trois coups, on ne sait pas ! dit le comte, et il rejoua :

— Cinq ! exclama-t-il.

— Six, dit son partenaire.

— Quatre !

— Quatre.

— Cela nous fait quinze, à chacun.

— Quinze ! Le même nombre. Il faut recommencer. »

Tandis que cette conversation suivait son cours dans la chambre de Mathieu, un colloque avait lieu dans la rue entre Coquelicot et Beaucormier.

Au moment où le spadassin, encore tout étourdi de sa chute, allait se relever, il aperçut dans l'air une forme blanche qui arrivait sur lui ; il voulut s'écarter, mais un formidable coup de poing s'abattit sur son œil ; il fut ébloui et de nouveau renversé ; ne sachant ce que cela voulait dire, il se débattit, riposta au coup de poing par un coup de pied ; une gifle lui répondit : alors, dans la nuit noire, il saisit un corps qui gesticulait, et se mit à frapper à tour de bras ; le corps avait des mains et des piéds qui répliquèrent ; ce fut une lutte admirable, prodigieuse ; les coups tombaient dru, frappant sourdement dans le silence de la rue déserte.

Enfin, les deux champions se lassèrent, d'un bond simultané ils s'écartèrent l'un de l'autre, et, assis face à face, ils se regardèrent ; deux cris s'échappèrent de leur poitrine :

— Coquelicot !

— Beaucormier !

— C'était toi ?

— C'était toi !

— Tu ne pouvais pas le dire ?

— Tu ne pouvais pas parler ?

— Imbécile !

— Idiot !

Et ils allaient se quereller encore ; mais Coquelicot retrouvait son sang-froid.

— Eh ! capédédiou ! pourquoi diable aussi t'habilles-tu en blanc pour me tomber dessus ? Dans la nuit, je ne te reconnaissais pas !

— Moi, je ne voyais rien, j'ai été lancé d'une main sûre par ce damné clerc...

— Que je soupçonne fort d'être notre ami Raoul !

— Il est d'une force ! Il me semblait que je m'envolais !

— Oui, cela va bien, au départ ! mais c'est à l'arrivée !

— Je suis tombé pile !

— Sur ma face !... J'ai un œil passé au bleu ! Et avec tout cela nous sommes joués ! que faire ?

— Tu te désespères toujours, reprit Beaucormier : tu ne seras jamais bon à rien ; tu n'as pas de tête !

— Eh ! sangdiou, il fait noir comme dans un four ; l'hôtelier a fermé sa porte et mis la barre intérieure à ses volets. Par où veux-tu entrer ?

— Je ne veux pas entrer, ils sortiront.

— Ils sortiront ? peut-être ! Ils doivent se défier de nous ; un homme averti en vaut deux ; je me chargerais bien d'un, mais toi, te chargerais-tu de l'autre ? Tout cela est bel et bien, et nous ne saurons rien !

— Coquelicot, mon ami, j'avais toujours pensé que tu n'étais qu'une buse !

— Merci bien !

— Regarde le mur.

— Je ne vois rien.

— Fixe-le, un moment : là ! ne vois-tu pas des pierres en saillie ?

— Je les vois.

— Et un balcon ?

— Et un balcon.

— Et sur ce balcon, que vois-tu ?

— Rien.

— Il n'y a pas de lumière ?

— Si fait ! Une lumière qui filtre à travers les volets. Eh bien ?

— Ils sont là.

— Alors ?

— Alors tu vas monter sur le balcon ; t'asseoir commodément sur la barre d'appui ; tu regarderas par les fentes du volet ; ils ne pourront te voir, tu les contempleras à loisir : bien mieux, tu les écouteras, quand tu en sauras assez, tu redescendras et nous irons prévenir le marquis de Buzançay. As-tu compris ?

— Beaucormier, tu es un ange. Si le Cardinal savait reconnaître les services de ses vrais amis, il te ferait au moins évêque.

— Abbé, seulement, mon ami Coquelicot ! Il ne faut pas être ambitieux ; c'est un péché. Mais certainement à toi, qui n'as pas ton pareil dans l'action, il te doit une compagnie.

— Cela viendra ; il faut savoir attendre.

— Eh bien ! en attendant, monte toujours.

Le Gascon examina au loin la rue ; elle était déserte ; grimpant alors sur les épaules de Beaucormier, il saisit une pierre saillante, y mit le pied, empoigna le balcon et, au bout de quelques secondes, il y était installé comme chez lui.

Sûr de n'avoir pas été entendu, il se risqua à regarder dans la chambre ; il étouffa un cri de surprise ; les conspirateurs qu'il était chargé de surveiller, jouaient aux dés, devisant joyeusement en face d'une vieille fiole de malvoisie.

A cette époque, un spadassin qui n'aurait pas

été joueur, aurait été un faux spadassin ; Coquelicot se mit à suivre la partie avec intérêt :

« Trois ! disait Raoul.

— Cinq ! répondait Mathieu.

— Un as...

— Deux !

— Deux !

— Trois !

— Vous avez dix et moi six ; hélas ! je vais
perdre.

— Ça m'en a tout l'air, murmura Coquelicot,
s'ils jouent en trois parties.

— Allons, Raoul, à vous !

— Six ! exclama Raoul. Cela me fait douze ?

— Un ! répondit tristement Mathieu : cela me
fait onze : j'ai perdu. A vous, Raoul, l'honneur de
frapper le Cardinal.

— Ah ! partons, chevalier, partons.

— Un moment. Nous ne pourrons pénétrer qu'à
onze heures et demie, et il en est dix à peine.

— Attendons, alors.

— Et puis, vous n'avez pas d'armes ?

— C'est vrai.

— En voici donc. »

Et Mathieu tira d'une armoire une superbe épée
qu'il remit à Raoul.

« Vous la cacherez sous votre manteau, lui dit-
il. De plus, voici des pistolets, pour le cas où nous
serions forcés de nous défendre.

— Et où trouverons-nous le Cardinal ?

— Il ira au Louvre à dix heures : j'y suis, ce
soir, de service ; vous venez avec moi ; nous nous
cachons dans la galerie qui précède le salon de la
Reine ; au moment où il sort par une porte secrète

— que je connais, — pour se rendre dans la chambre d'Anne d'Autriche, vous le frappez : il sera seul alors ; vous savez qu'il fait toujours évacuer la galerie avant d'y passer : il craint peut-être que l'on apprenne le secret de ses rendez-vous.

— Et ensuite ?

— Ensuite ? je vous fais fuir par un escalier dérobé : j'appelle les gardes ; je crie qu'on vient d'assassiner le Cardinal, que je passais par hasard, en faisant la ronde ; alors j'avertis la Reine qui est enchantée ; on prend les armes, on fait une enquête pour la forme, à l'intérieur du palais, on ne trouve rien et tout est dit.

— Voilà un bien beau projet, grommela Coquelicot. Sangdiou ! ils parlent de cela, brr ! j'en frémis ! »

Et il descendit retrouver son camarade Beaucormier, auquel il conta ce qu'il venait d'entendre.

« Que faire ? ajouta-t-il en forme de péroraison.

— C'est bien simple : aller prévenir Buzançay.

— Au fait, c'est le plus court ; il est dix heures, nous avons le temps. »

Coquelicot prit alors le bras de Beaucormier, l'entraîna vers le Louvre, et leur double silhouette, un instant détachée par la lune qui se levait, disparut bientôt dans les ombres épaisses de l'édifice.

Pendant ce temps, le chevalier de Léris et le comte de Nangeac faisaient leurs préparatifs : Raoul écrivit une lettre à Marie, lettre dans laquelle il lui disait un éternel adieu et lui rappelait son serment ; lorsqu'il eut terminé :

« Si je suis tué, dit-il à Mathieu, jurez-moi que vous ferez parvenir cette lettre à l'hôtel de Candole.

— Je vous le jure, mon ami.

— Et vous, n'avez-vous pas quelque recommandation à me faire, au cas où je ne sais quelle mauvaise fortune vous atteindrait sans me toucher ?

— Aucune... Ah ! si, cependant. Si je venais à mourir et que vous en pussiez réchapper, vous trouverez dans cette armoire une bourse; vous la donnerez à mon valet; c'est tout ce qui me reste. Cela lui suffira pour s'établir et faire dire des messes à ma santé.

— Il sera fait selon vos vœux.

— L'heure approche, mon ami. Peut-être allons-nous mourir. Embrassez-moi. »

Raoul se précipita dans les bras du gentilhomme qu'il connaissait depuis quelques instants à peine, mais pour lequel il se sentait déjà autant d'amitié que d'estime. Ils s'embrassèrent avec effusion.

« Et maintenant, dirent-ils ensemble, à la vie, à la mort ! »

Puis, leurs épées nues cachées dans les plis des manteaux qui les enveloppaient, leurs feutres rabattus sur leurs yeux, ils descendirent : l'hôte les attendait.

« Tenez, maître Louchard, dit Raoul en jetant une pièce d'or sur la table, voici pour mon souper et le vin de ces marauds; le reste sera pour boire à ma santé.

— Monseigneur, balbutia Louchard, confondu

de tant de générosité de la part d'un clerc d'abbé ou de procureur.

— Pas tant de politesse, et ouvre-nous, » fit rudement Mathieu.

Maître Louchard s'exécuta avec empressement ; il tira les barreaux de la porte, les verrous, fit jouer la serrure et, entr'ouvrant l'huis, il regarda avec soin au dehors :

« La rue est déserte, dit-il, vous pouvez sortir. Vos espions sont partis.

— Tenez-vous cependant sur vos gardes, murmura Mathieu, peut-être nous attendent-ils, il faut tout prévoir, et dans cette obscurité, un coup d'épée peut vous arriver sans qu'on puisse le prévenir. Ainsi, ami Raoul, garde à vous.

— Ne craignez rien, répondit Raoul, je suis un chasseur ; j'y vois clair la nuit. »

Mathieu de Léris sortit le premier en faisant signe au comte de le suivre, mais à quelques pas d'intervalle :

« Il faut, ajouta-t-il, que nous ayons l'air de promeneurs ou de gentilshommes en bonne fortune, revenant de quelque galante aventure. »

Puis, il s'éloigna d'un pas léger, en sifflant une mazarinade.

Raoul le suivait ; mais plus jeune, moins accoutumé sans doute aux crimes que semble légitimer la politique, que la réussite fait toujours absoudre, il se sentait tout troublé par l'action qu'il allait accomplir. Toute sa jeunesse repassa dans sa mémoire ; il revit tous les siens aujourd'hui disparus, ses études en Sorbonne, son retour à Baume-les-Dames dans un château désert, puis l'héritage tragique laissé par son frère aîné ; celui-

là, engagé dans une de ces conspirations fré-
quentes à cette époque, avait légué à Raoul sa
place au conseil des conspirateurs ; Raoul avait
siégé, il avait associé sa fougue inexpérimentée à
la prudence des vieux gentilshommes qui, victimes
abattues de Richelieu, écartés de la cour, luttaient
contre le deuxième cardinal pour reprendre les
places dues à leur nom auprès du soleil levant qui
allait être Louis XIV. La mort de Mazarin ayant
été décidée, les conspirateurs des différents partis,
conspirateurs des diverses provinces, partisans de
Monsieur, duc d'Orléans, ou de Monseigneur le
prince de Condé, sectateurs de Beaufort ou du
cardinal de Retz, tous étant d'accord, on avait
tiré au sort les noms des héros chargés d'en finir
avec l'Italien. Le sort avait désigné Raoul et Mathieu : tous deux avaient juré d'obéir dès que
l'ordre d'agir leur serait arrivé. Raoul se rappelait tout cela, et malgré la fermeté de son âme
chevaleresque, il se sentait une inquiétude,
presque un remords. Il répugnait à cette nature
délicate de frapper lâchement, peut-être par derrière, à la façon d'un Ravaillac ou d'un Jacques
Clément ; il eût préféré le combat, face à face,
les épées engagées, les poignets rivalisant
pour ainsi dire de force et d'habileté ; mais il
n'avait pas le choix des moyens, et bien que e
cœur serré, il marchait à l'accomplissement de
son serment.

Le passage d'un carrosse changea tout à coup le
rapide cours de ses idées. Aux images sanglantes
succéda dans son esprit un tableau charmant ;
dans le fond de la voiture qui venait déjà de pénétrer au Louvre, il avait cru reconnaître Marie ;

la haine avait aussitôt dans son cœur fait place à l'amour et les souvenirs de leur commune affection, des rendez-vous des nuits d'été, avec leurs dangers, leurs émotions, leur durée trop courte, la mémoire aussi des paroles échangées, des promesses faites, de la foi jurée, envahissaient son esprit bientôt rasséréné par la douce vision.

Il en était là de ses pensées lorsqu'il lui sembla voir jaillir une lueur comme d'une épée sous un rayon de lune, et, devant lui, à quatre pas, Mathieu tomba ; Raoul allait se précipiter ; il se senti saisi par les bras, par les jambes ; mais il était robuste, il put échapper à ses assaillants et, se plaçant devant le corps de son ami, il fit de son épée un terrible moulinet qui lui donna un peu de répit : alors il compta ses adversaires : quatre hommes étaient devant lui, brandissant leurs rapières ; un cinquième, qui paraissait le chef, était masqué ; il était de haute taille, très calme, et, les bras croisés, attendait le résultat de l'attaque : dans l'angle du mur, de l'autre côté de la rue, un grand escogriffe gesticulait et criait :

« Ce sont bien eux ! Les meurtriers du Cardinal ! capédédiou ! tue ! tue ! »

Auprès de lui, un moine à genoux, les yeux levés au ciel, récitait l'absolution et les prières des trépassés avec un admirable recueillement.

Raoul voulut se précipiter sur l'homme masqué, comprenant que s'il venait à bout du chef, il en aurait vite fini avec les valets ; mais ceux-ci, cherchant à protéger leur maître, opposèrent à la furie de Raoul quatre longues rapières dont ils se servaient avec une véritable adresse.

« Ce sont des spadassins de profession ; pensa Raoul ; j'aurai de la peine à me débarrasser d'eux. »

Alors, tout en se défendant et en attaquant tour à tour, il interpella l'homme masqué qui conservait dédaigneusement les bras croisés.

« Lâche ! misérable ! criait-il, si tu es gentilhomme, renvoie tes valets et croise ton fer contre le mien ! Assassin, ose donc me montrer ton visage ! »

L'autre ne répondait point : Raoul avait déjà mis deux des hommes hors de combat ; un troisième était blessé, le quatrième seul tenait bon encore : le personnage masqué ne bougeait pas :

« Lâche ! lâche ! hurlait Raoul, dis-moi ton nom, infâme ! »

L'autre se mit à rire : le comte allait de nouveau essayer de se jeter sur lui, lorsqu'il entendit marcher ; il se retourna d'un bond et, reconnaissant Coquelicot, l'envoya d'un revers d'épée rouler auprès du moine : puis il engagea le fer avec le dernier des spadassins, tout en continuant de crier au personnage masqué :

« Tu ne perdras rien pour attendre ! Assassin, lâche, lâche ! »

Il attaquait vigoureusement son adversaire qui reculait déjà, lorsque l'inconnu leva le bras : une détonation éclata, et Raoul tomba en murmurant :

« Marie ! »

Le personnage masqué s'approcha de lui :

« Tu me demandes mon nom ; je m'appelle le marquis Noël de Buzançay ! »

Ceci dit, il alla retrouver Mathieu qui gisait à

quelques pas de là : consciencieusement il fouilla dans son justaucorps et en tira différents papiers ; puis il fit signe au moine ; aidé de celui-ci, ils approchèrent de la muraille les corps des morts et des blessés, y compris celui de Coquelicot qui jurait comme un païen malgré les objurgations de Dom Rigodom.

« Nous les soignerons dans l'instant, murmura Buzançay ; j'ai les papiers du chevalier : il me faut à présent ceux du comte. »

Il se dirigea vers la place où Raoul était tombé, le crâne fracassé : le corps de Raoul avait disparu.

CHAPITRE V

UNE NUIT A LA COUR

C'est bien Marie et la duchesse de Candole que Raoul avait aperçues, quelques instants avant l'attaque, dans ce carrosse qui était entré au Louvre.

Il y avait, ce soir-là, réception à la cour, et la reine, avertie de l'arrivée de la duchesse, avait témoigné le désir de la voir. Bien que très fatiguée du voyage, la duchesse, mandée par Mᵐᵉ de Forges, la première dame d'honneur, n'avait pu se soustraire à une invitation qui était un ordre ; elle avait donc, pour une fois, abandonné son costume sévère et revêtu une robe de damas noir à broderies de jais ; toilette sérieuse, austère, mais riche et digne de la noble dame ; elle ne put s'empêcher, avant de partir, de jeter un coup d'œil à son miroir ; elle pensa au temps où elle était la belle duchesse de Candole, épouse légitime d'un des plus glorieux serviteurs du roi Henri ; elle étouffa un soupir : mais une douce apparition chassa la mélancolie de son visage ;

Marie de Montévrain, qu'elle avait fait appeler, venait d'entrer, radieuse dans une robe blanche unie, sans rubans, sans dentelles, mais si belle malgré la simplicité de sa mise, que Mme de Candole faillit pousser un cri d'admiration :

« Voilà, pensa-t elle, une nièce qui me fait honneur : il me faut la marier vite ; je crois que je n'aurai pas de peine à lui trouver un époux. »

Marie, pendant ce temps, songeait :

« Raoul sera-t-il chez la reine ? »

Les deux femmes partirent ; en route, Marie crut reconnaître dans un gentilhomme enveloppé d'un manteau M. de Nangeac ; elle resta fort étonnée de le voir ainsi, sans équipage ; un triste pressentiment vint lui serrer le cœur. Mais déjà elle arrivait au Louvre.

Le carrosse s'arrêta dans la cour du palais, à droite de ce grand espace vide où se trouve maintenant un square ; les deux dames descendirent et pénétrèrent, du côté de la Seine, dans le vestibule dont on a fait depuis le musée des antiques : elles montèrent le grand escalier de pierre, saluées par des gentilshommes, des officiers, des prêtres, atteignirent le salon carré, alors à peu près désert et à peine éclairé, et furent introduites dans la grande galerie par Mme de Forges qui les attendait.

A leur entrée, toutes les conversations cessèrent ; les princesses et les duchesses quittèrent leurs tabourets ; les hommes firent un pas au-devant des nouvelles arrivées ; un long murmure d'admiration courut dans la galerie. Marie, peu habituée au monde, aux danses, à l'éclat des lumières, troublée par ces hommages qui, elle le sentait bien, s'adressaient à elle, rougissait et pâlissait tour à tour; elle fut sur le point de défaillir; quelques paroles amicales de la première dame d'honneur lui rendirent ses esprits : elle répondit du mieux qu'elle put.

La duchesse, pendant ce temps, rayonnait; elle semblait, sous ses cheveux blancs, avoir retrouvé sa beauté d'autrefois; elle recevait avec une certaine hauteur de bon ton les saluts de ceux qu'elle avait connus avant de se retirer du monde, et y répondait d'un air approprié aux titres et à la qualité de chacun.

Puis les hommes se rapprochèrent : on se fit de mutelles présentations; les deux visiteuses furent bientôt le centre d'un cercle d'admirateurs, ne sachant ce qu'ils devaient le plus louer, de la noble dignité de l'une ou de la rare beauté de l'autre; je crois que c'était la beauté.

Que si, à ce moment, Mme de Candole eût, négligeant les lois les plus simples de l'étiquette, crié : « Qui veut épouser ma nièce? » le mot « moi » serait sorti de cent bouches appartenant aux plus nobles gentilshommes du royaume, dont beaucoup étaient mariés, il est vrai, mais se seraient laissés emporter par un enthousiasme aussi légitime que justifié.

Tout à coup, les conversations furent de nouveau interrompues; le cardinal venait d'entrer, appuyé sur Buzançay, son âme damnée. Tous les yeux se tournèrent vers lui; des regards chargés de haine l'accueillirent; mais lui riait : il fixa d'un air narquois ces hommes dont il était haï, et sur tous les visages un sourire contraint vint remplacer le rictus de la colère.

« Bonzour, messieurs, dit-il, avec cet accent italien qui ne le quitta jamais. Né faites pas attenzionne à moi ; reprenez vos conversations ; je désiré m'entretenir avec la *dussesse* dé Candolé, ouna brava amiga... »

Et, suivi du marquis de Buzançay, il fendit l'entourage de la duchesse : en un instant la place était vide ; le cardinal, la duchesse, Mazarin et Marie restaient seuls en présence.

La conversation fut ce qu'elle devait être : Mazarin fit à Marie les plus grands compliments sur sa beauté, se montra, ce qu'il se montrait toujours avec les femmes, galant, empressé, et employa tout ce que la langue française fournit d'aimables arguments pour charmer du premier coup les cœurs de vingt ans.

Il est bon d'ajouter qu'il y perdit ses peines.

Buzançay, sur le signe d'un officier, était sorti : il remonta au bout de quelques minutes et parla bas à l'oreille de Mazarin :

« Comment, fit celui-ci, m'assassiner ! Allez vite, mon cer amigo ; bone Diou ! Ils sont fous. Allez ; débarrassez-moi de ces insensés, et tacez d'avoir leurs papiers : c'est la clef de la conspirazione ! »

Puis, plus bas, il ajouta :

« En récompense, ze me sens capable de vous donner en mariage la zoulie enfant que voilà. »

Il désignait Marie ; celle-ci, avec ce merveilleux instinct qu'ont toutes les femmes, comprit sans doute ; une vive pâleur envahit ses joues rosées et elle porta la main à son cœur ; Buzançay la salua et sortit : nous avons vu, dans le précédent chapitre, où il allait.

Pendant ce temps, la reine Anne d'Autriche devisait avec Voiture, son poète favori, dans ce salon de son appartement qu'on a depuis appelé la galerie d'Apollon.

La Reine était triste ; revenue dans la journée de Fontainebleau où, quelques jours durant, elle s'était reposée des fatigues de la couronne, elle s'était longtemps entretenue avec le P. Vincent, son aumônier et son confesseur. Puis après le dîner cérémonieux auquel elle avait assisté, elle avait d'abord voulu rester seule, livrée à ses pensées.

Les événements étaient graves : on conspirait partout en France, ou plutôt, on intriguait. Anne d'Autriche, sur son déclin, se sentait isolée en face de dangers qu'elle devinait sans les connaître, et ne trouvant point autour d'elle un de ces dévouements assez vrais, assez énergiques, assez puissants, pour dompter les factions nées des intérêts privés et personnels d'une foule de grands seigneurs, elle vivait dans une inquiétude continuelle, non pour sa dynastie, mais pour elle-même, comprenant que l'autorité, le pouvoir s'échappaient de sa main comme une poignée d'eau.

Accoudée à l'embrasure de la fenêtre qui donne sur la Seine, elle causait avec Voiture, comme une simple mortelle, lui parlant à cœur ouvert du royaume, de sa régence, de ses craintes, du Dauphin, de Mazarin ; elle disait qu'elle pouvait mourir subitement : que deviendrait le jeune prince ? Elle témoignait des craintes vagues, chimériques, et montrait un de ces états que l'on appelle aujourd'hui états nerveux, bien qu'ils viennent de l'âme. Parfois, son regard semblait se perdre dans quelque lointaine vision ; parfois il demeurait fixé sur la Seine, que traversait en cet endroit un bac chargé de passagers du Louvre pour le Pré-aux-Clercs.

C'étaient des soldats avec leurs mies, des bourgeoises avec des étudiants, de jeunes cavaliers avec des filles ; la lune, au loin, apparaissait éclairant le tableau d'une lueur vague et poétique ; il semblait à la Reine qu'elle entendait des paroles d'amour, échangées, dans cette nuit d'avril, sur les eaux aux reflets bleuâtres, et que des baisers voltigeaient dans les airs frissonnants.

Alors elle exagérait encore ses craintes, parlait haut comme pour se donner du courage, et développait des théories politiques pleines de contradictions et de fantaisie.

Voiture écoutait, rêveur, sans répondre.

« A quoi pensez-vous donc ? » lui demanda-t-elle enfin.

Et lui, la regardant avec une triste mélancolie, lui récita ces vers qu'il venait d'improviser, meilleurs d'intention que de forme :

> Je pensais que la destinée,
> Après tant d'injustes malheurs,
> Vous a justement couronnée
> Aujourd'hui d'éclat et d'honneurs ;
> Mais que vous étiez plus heureuse
> Lorsque vous étiez, autrefois,
> Je ne dirai pas : Amoureuse !
> La rime le veut, toutefois.
>
> Je pensais : — Nous autres poètes
> Nous pensons extravagamment ! —

Ce que dans l'honneur où vous êtes
Vous feriez, si, en ce moment,
Vous avisiez, en cette place,
Venir le duc de Buckingham ?
Et lequel serait en disgrâce
De lui ou du père Vincent ?

Anne d'Autriche était stupéfaite ; Voiture ne s'était pas laissé prendre à ces bavardages politiques dont elle cherchait à s'étourdir ; il l'avait devinée ; il avait mis le doigt sur la plaie. Elle revit en ce moment sa vie, son amour, le poignard de Felton, puis l'arrivée de Richelieu, les tentatives de celui-ci sur son cœur ; elle avait repoussé cette passion et le Cardinal lui avait présenté Mazarin, sa créature, après le traité de Casal, en lui disant :

« Vous aimerez bien celui-là, j'espère, madame ; il ressemble à M. de Buckingham. »

Richelieu ne s'était pas trompé ; elle avait aimé aussi... celui-là : maintenant elle le haïssait.

Alors après les vers de Voiture elle essuya une larme de femme et murmura :

« Je chasserai l'Italien. »

Puis elle reprit son air de reine, cet air noble et gracieux qui provoquait le respect et l'admiration, appela une de ses femmes et fit prier Mme de Forges d'ouvrir la galerie : ses dames d'honneur, ses écuyers, sa maison en un mot vinrent se ranger autour d'elle ; avec cette pompe que l'on mettait à cette époque dans les moindres actions, elle pénétra dans la grande galerie où le jeu de la Reine était préparé, et alla s'asseoir sur le trône d'or qui occupait la travée centrale : la réception commença.

Tout ce que la noblesse comptait de noms illustres était là : c'étaient Bassompierre et Roquelaure bavardant dans un coin. Bassompierre, très vieux, contant le siège de la Rochelle ; Roquelaure, dans tout son éclat, contant ses prouesses et ses facéties ; plus loin les Cossé-Brissac, les Chabaud, les Rohan, le vieux seigneur de Guéménée et sa jeune fille, demoiselle d'honneur de la reine, Mlle du Vigean, regrettant l'absence de Condé ; Conti et Brienne, le jeune duc d'Uzès, et Mortemart et Précy ; au fond de la salle, Montausier et Julie d'Angennes, que Voiture venait de rejoindre, causaient avec le grand Corneille, alors dans toute sa gloire, et Scudéry, déjà vieux ; puis Mmes de Mornay-Villarceaux, de Maintenon, de Flotte, Mlles de Marolles, de Vieuxpont, d'Esche, de Gaucourt, de Chamerault, de Saint-Louis, de Beaumont, d'Escars, d'Hautefort, attachées au service de la Reine : dans l'embrasure d'une fenêtre, Mazarin, la duchesse de Candole et Marie.

La Reine, en passant devant ce dernier groupe, avait eu un geste d'étonnement, et pour la seconde fois elle avait murmuré : « Je chasserai l'Italien. »

Aussitôt assise, elle demanda négligemment ?

« Où est donc monsieur le Cardinal ? »

Ce fut Mme de Forges qui répondit :

« Monseigneur est auprès de Mme la duchesse de Candole qui demande à présenter ses devoirs à Votre Majesté.

— Ah ! fort bien. Dites à Mme la duchesse que nous l'attendons. »

Le visage de la Reine avait pris une expression

toute particulière ; les courtisans se regardaient les uns les autres ; ils espéraient un orage.

Mme de Forges se dirigea à pas lents vers la duchesse ; Mazarin avait vu la scène et semblait avoir lu dans l'âme d'Anne d'Autriche.

Il prit galamment la main de la chanoinesse et tous deux, suivis de Marie, vinrent saluer la Reine. La duchesse fit une de ces belles révérences du temps jadis dont elle avait conservé le secret ; Marie s'inclina gauchement ; Mazarin souriait en baisant les doigts fins de la souveraine :

« Que Votre Mazesté me permette, dit-il légèrement, de lui présenter Mme la duchesse de Candole.

— Je connais Mme la duchesse, répondit Anne d'Autriche, depuis bien longtemps. Je vous ferai un reproche, Madame, c'est de nous avoir quittée. Après la triste mort de votre mari, la cour vous restait ouverte comme par le passé ; je ne vous y aurais plus offert les plaisirs d'autrefois, mais les consolations d'une souveraine, d'une chrétienne et... d'une amie. »

La chanoinesse, fort émue, balbutia quelques mots inintelligibles et embrassa la main que la Reine lui tendait.

« Ne demeurerez-vous point dorénavant auprès de nous ? continua la Reine.

— Votre Majesté sait que je me suis retirée au couvent des Bénédictines de Baume. Le monde n'a plus d'attraits pour moi !

— Hélas ! murmura la Reine ; puis elle poursuivit en étouffant un soupir : Quelle est cette belle jeune fille qui vous accompagne ?

— Ma nièce, Mlle Marie de Montévrain, dont le père...

— A été tué au service du Roi. Je l'ai fort connu et l'estimais comme un des meilleurs gentils-hommes du royaume. Soyez la bienvenue, mon enfant. Vous n'avez plus votre mère ?

— Sa mère est morte l'année dernière, interrompit la chanoinesse ; mais j'ai adopté Mlle de Montévrain, et bien qu'elle soit héritière d'une grande fortune, je la destine au couvent.

— Enfermer dans un monastère de si beaux yeux, ah ! ce serait un meurtre, madame la duchesse ! Laissez-nous cette enfant, nous l'agréons parmi nos demoiselles d'honneur et, bientôt sans doute, nous lui découvrirons dans notre entourage un bon gentilhomme dont elle fera le bonheur... Si vous-même, madame la duchesse, désirez demeurer auprès de nous, vous nous serez agréable.

— Votre Majesté nous comble ! C'est là une fortune inespérée pour ma nièce et je ne sais comment remercier Votre Majesté ?...

— C'est bien, madame ; Mlle de Montévrain sera logée au Louvre et dès demain commencera son service ; Mme de la Porte et Mme de Forges veilleront sur elle. Pour vous, madame la duchesse, vous serez vite au fait des devoirs de votre charge ; vous n'aurez qu'à m'accompagner quand je le désirerai... »

La Reine se tut : l'audience était terminée ; Mme de Candole et Marie, agitées toutes deux de sentiments bien différents, saluèrent et prirent congé.

Anne d'Autriche se retourna vers Mazarin :

« Cette jeune fille est fort jolie, n'est-ce pas, Éminence ?

— Fort zoulie, commé lé dit Votre Mazesté.

— Il faudra lui trouver un mari.

— Oh ! cé séra facilé ! »

Le lecteur s'étonnera peut-être des faveurs inespérées qui venaient de pleuvoir sur Mme de Candole et sa nièce ; c'était un des caprices de la Reine de s'entourer de nouvelles figures ; la beauté douce de Marie lui avait plu : elle avait des obligations à son père et à M. de Candole, le mari de la duchesse, assassiné dans des circonstances mystérieuses, sans que jamais les coupables aient été découverts ; enfin telle avait été la fantaisie de cette femme, toujours à la recherche de l'inconnu.

Mazarin reprit le premier la parole :

« Votre Mazesté veut-elle accorder au plus humble de ses serviteurs quelques instants d'entretien pour affaires d'État ?

— La Reine, monsieur le cardinal, en pareil cas, n'a pas à accorder ou à refuser. Si les besoins de l'État l'exigent, et Anne d'Autriche appuya sur ces derniers mots, passez dans mon cabinet, je vous y rejoindrai dans l'instant. »

Mazarin salua et sortit ; à l'entrée du salon il trouva Buzançay :

« Eh bien ? lui demanda-t-il.

— Nous les avons cernés, répondit Buzançay : voici les papiers de l'un d'eux qui est mort. J'ai cassé la tête à l'autre d'un coup de pistolet ; mais le corps a disparu.

— Que dites-vous, disparu ? Vous êtes fou, sans doute.

— Il est tombé ; lorsque j'eus fouillé le pourpoint de son complice, je suis retourné à la place où je l'avais laissé pour mort, à trois pas de moi : il n'y était plus. C'est de la folie, de la magie, du surnaturel, mais cela est.

— Et vos hommes n'ont rien vu ?

— Mes hommes ? Tous blessés ou en fuite. Le gentilhomme que je n'ai pu retrouver s'est défendu comme un lion, et il m'aurait tué si je n'avais pas eu la présence d'esprit de lui décharger mon pistolet dans la figure.

— Dans la figoure ?

— Et il est tombé mort.

— C'est extraordinaire. Donnez lou papier. »

Buzançay remit à Mazarin le parchemin que Mathieu portait sur lui, où le nom de Raoul de Nangeac était écrit avec la ligne hiéroglyphique que l'on sait.

« Alors celui-là est bien mort et n'a pas disparou ?

— Non, monseigneur : il est toujours au milieu de la rue avec trois grands coups de rapière au travers du corps. Quand j'ai ouvert son pourpoint, le cœur ne battait plus.

— Essuyez donc vos mains, marquis, vous avez du sang. Le mort s'appelle Raoul de Nanzeac ; comment s'appelle lé disparou ?

— D'après mes espions, il se nomme Mathieu de Léris.

— Il faut le chercher. Zé donnerai une prime si on le trouve.

— Bien, monseigneur. »

Buzançay salua et entra dans la salle des gardes

pour se laver les mains, tandis que Mazarin allait attendre la Reine.

Nous n'entrerons point dans le détail de l'entretien qui eut lieu entre Anne d'Autriche et le Cardinal et que les mémoires de l'époque nous ont rapporté ; un seul point intéresse le lecteur.

Après avoir discuté les affaires de l'Etat, Mazarin, croyant avoir toujours sur le cœur d'Anne d'Autriche la même influence, se permit quelques propos galants qui furent mal reçus ; alors il s'emporta : la Reine le menaça d'appeler ses femmes et de le faire chasser par les laquais ou arrêter par les gardes. Puis Mazarin, en Italien qu'il était, redevint doucereux, rampant ; il se fit humble. Il avoua qu'il tenait tout de sa souveraine, qu'il ne serait rien sans elle, mais que leur pouvoir à tous deux augmenterait dans l'union.

« Notre pouvoir ? Le vôtre, monsieur le cardinal. Mais le mien ? »

Mazarin eut un sourire ; que lui importait le pouvoir de la Reine ! le bout de l'oreille passait trop ; Anne d'Autriche ne se laissa pas plus prendre aux plates flatteries, aux bassesses, qu'elle n'avait cédé aux menaces :

« Monsieur le cardinal, dit-elle, vous me demandez l'union, la paix. Arrive que pourra, je veux la guerre. Tout est fini entre nous, et quelle que soit la puissance que je vous ai faite, je la briserai. Adieu ! »

Elle se retira avec dignité tandis que Mazarin se jetait à ses pieds, en pleurant et en donnant les marques du plus profond désespoir. Dès qu'elle eut disparu, il se releva en riant, épousseta ses chausses rouges, et murmura :

« Ah ! povera ! la guerre ! zé souis le maître en France ! Nous verrons. »

Puis il réfléchit que si en effet Anne d'Autriche l'abandonnait publiquement, ses pouvoirs de premier ministre passeraient sans doute à ses ennemis, à Monsieur ou à Monseigneur de Condé ; il pouvait lutter contre la femme, mais serait-il le plus fort contre la Reine soutenue aussitôt par les conspirations qui naissaient de toutes parts et par la noblesse ?

« Il est plus sage de céder momentanément ; cette colère d'auzourd'hui ne s'explique point, c'est oune caprice ! Attendons, et quand le moment sera venou, zé saurai bien reconquérir ses favours, et alors... »

Il fit claquer ses doigts, cambra ses reins, dressa son mollet si bien tourné et sortit par l'escalier d'honneur.

Tout à coup il s'arrêta, se frappa le front, se mit à rire et d'une voix joyeuse s'écria :

« Dans un mois Buzançay épousera Mlle de Montévrain.

La réception, au Louvre, était terminée.

CHAPITRE VI

OU BRIN D'AMOUR CHERCHE VAINEMENT LA STATUE D'HENRI IV ET DE L'USAGE QU'IL FIT D'UN BATON QUI AVAIT APPARTENU A FEU SON ONCLE MATERNEL

Brin d'Amour n'était pas précisément un imbécile, mais, enfant né natif de Baume-les-Dames, il possédait une de ces âmes naïves auxquelles on fait prendre facilement des vessies pour des lanternes. Il parlait peu, ce qui eût été un signe d'intelligence, si, lorsqu'il parlait, il n'eût point dit de sottises ; or, auprès du beau sexe en particulier, il avait coutume de délier sa langue et se laissait aller à des inepties qui lui attiraient plus souvent des calottes que des baisers. Il se consolait en vouant à son maître un rare attachement.

— Je ne suis qu'une bête, marmottait-il souvent, mais je me ferais tuer pour lui.

Elevé au château du comte de Nangeac, il venait pour la première fois à Paris ; Raoul l'avait choisi entre tous les autres et emmené comme le plus fidèle, le plus devoué, le plus courageux de ses serviteurs.

Le lendemain du jour où son maître avait quitté l'auberge à l'Arche de Noé, Brin d'Amour se mit en devoir, comme il était convenu, d'aller au Pont-Neuf, au pied de la statue d'Henri IV, prendre les ordres de Raoul.

Il demanda son chemin à l'hôtelier et comprit si bien, qu'il arrivait le soir même à la porte Saint-Antoine.

Le second jour, il passa par-dessus les buttes Montmartre et trouva la Seine à Saint-Denis.

Le troisième jour, il atteignit Asnières.

Le quatrième, il alla jusqu'à Bondy ; là on lui vola l'argent qu'il avait sur lui.

Le cinquième jour, très étonné de ne pas recevoir de nouvelles du comte, il se fâcha tout net avec l'hôtelier ; il voulait aller au Pont-Neuf, et voulait que l'hôtelier l'y menât. Mais celui-ci s'amusait de son embarras ; il envoya Brin-d'Amour à Charenton. En rentrant, le soir, Brin d'Amour, comme l'eût fait quelque grand seigneur, rossa l'hôtelier, se coucha et s'endormit du sommeil réservé aux consciences pures.

Le sixième jour, l'hôtelier le mit à la porte, lui et ses hardes, gardant les effets, le cheval de son maître pour se payer de la dépense.

Brin d'Amour en conçut un vrai chagrin ; il s'excusa, demanda pardon, versa des larmes ; l'hôtelier lui dit d'aller au diable, que peut-être il y trouverait le Pont-Neuf, et lui ferma la porte au nez.

Le valet de Raoul avait pour tout équipage un paquet contenant des vêtements, un pistolet, un couteau, une bourse avec quelques pistoles et un bâton de cornouiller qui avait appartenu à feu Dubois, de Baume-les-Dames, son oncle maternel, agriculteur.

Il s'assit sur une borne et attendit en songeant. Tout à coup, son regard fut attiré par une fort jolie personne qui lui faisait des petits sourires et des petites minauderies ; il se leva, elle partit ; il la suivit, elle doubla le pas ; il marcha plus vite, et l'un suivant l'autre, ils arrivèrent au Pont-Neuf.

Le Pont-Neuf était alors ce qu'est maintenant pour les Parisiens le boulevard des Italiens ; toute la population s'y donnait chaque jour rendez-vous : bourgeois et bourgeoises, à pied, traînant dans la foule leurs petits rejetons, écarquillant les yeux ; gentilshommes et nobles dames, qui en litière, qui à cheval, revêtus de leurs plus beaux atours et suivis de leurs valets ; enfin les pick-pockets de l'époque, les coupeurs de bourses, aigrefins, coupe-jarrets, les maritornes, et les courtisanes.

On saluait en passant le roi de bronze, juché sur ce beau cheval sculpté d'abord pour le duc Ferdinand de Toscane, par un certain Jean Bondeau, élève de Michel-Ange ; le cheval ensuite était demeuré sans emploi, au milieu d'un port de l'Océan, où, en essayant de le débarquer, on l'avait laissé choir ; on en avait enfin trouvé le placement entre les jambes du « vert-galant ».

De-ci, de-là, des spectacles en plein vent attiraient l'attention des passants ; dans les demi-lunes élevées au-dessus des piles du pont, étaient

des boutiques de pierre ou de bois, des théâtres ;
des chanteurs, des bateleurs avaient succédé à
Tabarin et à Mondor, émigrés depuis huit ans à
l'hôtel de Bourgogne ; il y avait là les marion-
nettes de Brioché, l'amusement des enfants, la
tranquillité des parents ; plus loin, chantant d'une
voix de stentor, avec des gestes larges et expres-
sifs, une bouche ouverte comme un four, un
grand diable d'enfant de la Savoie, crânement
coiffé d'un vaste chapeau dont les bords dissimu-
laient ses yeux éteints par l'ophtalmie.

Une femme aussi laide que lui, parce qu'il
était impossible de l'être davantage, et, comme
lui, aveugle, accompagnait sa chanson d'une voix
aigre de soprano dont elle lançait à pleins pou-
mons les notes éraillées, tout en offrant au public
de petits cahiers recouverts de papier bleu.

> O puissance divine
> Qui veillez sur nos jours,
> Conservez-nous toujours
> La cave et la cuisine !

C'était le morceau favori de « l'Orphée du
Pont-Neuf » ; près de lui, l'ambulant criait son
« Vi ! vi ! vi ! à boire ! » et Gille le niais, per-
ché sur ses tréteaux, — égayait les badauds —
par ses plaisants morceaux ; à quelques pas,
près de la place Dauphine, gesticulaient deux
grotesques dont le double baudrier croisé et l'espèce de hallebarde attiraient l'attention ; puis,
c'étaient un charlatan qui vendait du baume à la
fois excellent pour le mal de ventre et le mal
des yeux, un matagot qui débitait un élixir merveilleux lequel eût blanchi la peau du diable, et

des mendiants dignes du crayon de Callot, estro-
piés, bossus, brèche-dents, borgnes, manchots,
culs-de-jatte et autres de la même farine.

Messire Brin d'Amour fut si étonné en arrivant
au milieu de tout ce monde qui se bousculait
comme à plaisir, qu'il faillit en oublier le gibier
qu'il poursuivait ; mais sans doute le gibier veil-
lait ; la jolie dame s'était rapprochée de lui ;
d'une voix douce comme le chant d'un oiseau,
elle lui dit :

— Vous êtes étranger ? Faites état de moi ; je
vous offre mes services.

Brin d'Amour lui répondit qu'il n'avait jamais
vu, même à Baume-les-Dames, une personne
aussi accorte.

— Ce sont vos hardes que vous avez dans ce
paquet ?

— Mes hardes, ma bourse, tout. Vous êtes un
ange !

La conversation continua ; Brin d'Amour deve-
nait entreprenant ; il se mit à déraisonner d'a-
mour avec une impertinence de petit-maître ; la
dame lui souriait et le cajolait ; tout à coup, il
vint à Brin d'Amour l'idée de demander :

— Où sommes-nous ici ?

— Sur le Pont-Neuf.

— Dieu soit loué ! Et cette statue, là-bas ?

— C'est celle d'Henri IV.

Brin d'Amour ne répondit pas ; en deux coups
de coude, il bouscula les gens qui l'entouraient,
et, jouant des jambes et des épaules, il se mit à
courir dans la direction de la statue ; la dame le
regardait stupéfaite ; mais sa stupéfaction redoubla lorsqu'elle vit Brin d'Amour faire en courant

deux fois le tour du piédestal, et finalement s'asseoir au pied de la statue, et y demeurer immobile.

Bientôt cependant elle le rejoignit :

— Vous êtes fou ! dit-elle.

— Oh ! que nenni ! J'ai rendez-vous ici avec mon maître depuis six jours : je l'attends.

— Mais lui ne vous aura peut-être pas attendu ?

— Oh ! il vient tous les jours, j'en suis sûr.

Ils causèrent ainsi pendant quelque temps ; mais ce n'était pas, paraît-il, le compte de la dame, car elle cherchait à l'entraîner vers une auberge où il serait très bien ; Brin d'Amour résistait :

— Mon maître n'aurait qu'à venir, je ne partirai pas : je resterai ici le jour, la nuit, tout le temps, jusqu'à ce que je l'aie retrouvé.

— Ne m'aimez-vous donc point ?

— Si fait, mais mon maître avant tout...

Ce fut en vain que la dame étala des trésors de tendresse, mit en campagne toutes les armes que les femmes ont dans l'arsenal de leur cœur pour séduire les galants, Brin d'Amour demeura aussi glacé, aussi insensible que la statue au pied de laquelle il était assis. Devant cette résistance inaccoutumée sans doute, la dame eut un geste de colère :

— Adieu, dit-elle, et tant pis pour vous !

Puis elle s'en alla.

Alors Brin d'Amour demeura tout triste et regarda en l'air pour voir si son maître n'allait pas tomber de quelque planète ; il était fort attentif à cette occupation, lorsque tout à coup, il se sentit saisir par les bras, bâillonner, renverser ; il gesticula, se releva d'un bond et vit au loin deux hommes qui s'enfuyaient avec la dame de ses pensées, laquelle riait ; il regarda à ses pieds : son paquet, ses hardes, ses pistolets, sa bourse avaient disparu ; il ne restait plus que la canne en cornouiller de son oncle Dubois.

Brin d'Amour eut un moment d'hésitation : les voleurs étaient déjà loin.

— Ah ! messieurs les voleurs, cria-t-il, gardez mon argent, mais alors donnez-moi de l'ouvrage.

Un bateleur du voisinage, du nom de La Pomme, qui avait vu la scène, s'approcha de lui :

— Qu'avez-vous donc, mon camarade ? Il me semble que vous voilà bien marri.

— On m'a volé tout mon avoir.

— La belle affaire !

— Comment, la belle affaire ?

— Oui, au Pont-Neuf, c'est l'usage.

— Que ne l'écrit-on à l'entrée ! Monsieur, j'avertirai les archers, la maréchaussée, le grand prévôt.

— Ils vous riront au nez !

— Je me ferai voleur à mon tour, je rechercherai mes détrousseurs et je les volerai.

— Entrez dans mon théâtre.

Le théâtre de maître La Pomme était une cabane de toile, avec, au fond, une petite scène sur laquelle on représentait des farces du vieux théâtre français : Brin d'Amour y pénétra à la suite de La Pomme.

— Camarade, lui dit celui-ci, je vous vois si fort en peine que j'ai pitié de vous. J'ai perdu mon pitre.

— On vous l'a volé ?

— Oui, le guet ! Mais peu importe. Voulez-vous le remplacer ? Vous serez logé — sous la scène, — nourri... comme moi !

— Et que faudra-t-il faire ?

— Allumer les chandelles...

— C'est mon fort.

— Porter une perruque rouge et crier : « Entrez voir la farce du *Cuvier !* »

— J'ai une très belle voix et rien ne me sied comme une perruque rouge.

— Recevoir des coups de pied au derrière.

— Peut-on les rendre ?

— Jamais.

— Cela me va moins ; mais au bout de quelques jours, je m'y ferai. Est-ce tout ?

— Tout pour le moment. Toutefois, si cela vous plaît, vous pourrez devenir artiste.

— Artiste ?

— Oui, capitan ou matador, jouer les Léandre ou les Géronte...

— Et réciter des calembours ?

— Tout le temps.

— Topez là, camarade, je suis à vous.

Et, sans plus de cérémonie, Brin d'Amour revêtit le costume du dernier pitre, qui pendant ce temps coulait d'heureux jours de paresse dans les cachots du Grand-Châtelet :

— Au moins, pensait le valet du comte de Nangeac, je ne quitterai pas le Pont-Neuf, et, si mon maître vient, je serai le premier à le voir.

La journée s'écoula sans plus d'aventures. La Pomme donna une représentation au courant de laquelle Brin d'Amour reçut force coups de pied, sans murmurer, mais d'un air très bête qui fit beaucoup rire : le soir venu, il partagea avec La Pomme des oignons brûlés, des carottes, de la salade et un pichet de cidre ; il trouva le festin indigne de lui, mais n'en dit rien.

Le couvre-feu venait de sonner : Brin d'Amour devisait joyeusement avec le bateleur, lorsqu'une main agita la toile de la baraque et une voix dont il crut reconnaître le timbre dit :

— Eh ! là dedans, sangodémi ! peut-on entrer, péchère ?

— Coquelicot ! s'écria La Pomme, entre, mon ami, entre !

Celui-ci entra.

— Et Beaucormier ! continua La Pomme en voyant paraître le bon Dominicain. !

Nos trois amis s'embrassèrent avec effusion :

— Eh ! sangdiou, qu'est ceci ? demanda Coquelicot avec inquiétude en apercevant Brin d'Amour.

— Ceci ? ce n'est rien ! répondit La Pomme. C'est mon valet.

— Il a une honnête figure, ajouta Beaucormier ; ce doit être un bon chrétien.

Brin d'Amour enfonçait sur ses yeux la perruque du pitre, et relevait autour de ses oreilles le collet rayé de rouge de son manteau.

— Et tu l'appelles ? demanda Coquelicot.

— Au fait, comment te nomme-t-on, l'ami ? dit La Pomme.

— Lafleur, pour vous servir.

— C'est un imbécile, ajouta le maître de la maison.

— Peut-on parler devant lui ?

— Si l'on peut ? je voudrais bien voir qu'il osât nous trahir ; un laquais ! un homme avec qui j'ai partagé mon festin... Non! non! parle, ami. Ce Lafleur m'est tout dévoué.

— Voici donc ce dont il s'agit... Dis-le, toi, Beaucormier, qui sais parler.

— Et je m'en flatte! Seulement, de parler, ça m'altère, et quand j'ai soif je parle mal; *ergo*, à boire! à boire!

— C'est que je n'ai plus rien. Lafleur m'a bu tout mon cidre... ah! une idée... Lafleur?

— Patron.

— La baraque à côté contient deux aveugles des deux sexes. Tu vas aller de ma part leur demander un jeu de cartes; nous voulons nous amuser, ces gentilhommes et moi.

— Un jeu de cartes, très bien.

Brin d'Amour allait sortir :

— Attends donc, animal! Sur une planchette, à droite de l'entrée, tu verras, comme je l'ai vu tantôt, un pâté de viande, du pain et quatre fioles de bon vin; tu apporteras le tout.

— S'ils ne veulent pas me le donner?

— Tu ne vas pas être assez bête pour le leur demander; on prend, mon ami, on prend.

— Ah! bien.

— Ce garçon-là n'est bon à rien, dit Beaucormier, j'y vais aller moi-même.

Et il sortit ; il revenait quelques instants après avec des cartes, trois fioles de vin, un pâté et une miche :

— Vois-tu, grosse bête, *insana bourrica!* fit-il à Brin d'Amour, vois-tu comment cela se pratique?

— J'ignorais... Mais je suis tout prêt à étudier, car c'est là une belle science.

— Voire ! répondit Beaucormier ; alors il avala un grand coup de vin et, gravement, il prit la parole en ces termes :

— Coquelicot, dont la vaillance est bien connue, a mis à mort, il y a une semaine, deux gentilshommes qui conspiraient contre le cardinal ; l'un s'appelait le comte Raoul de Nangeac, l'autre le chevalier Mathieu de Léris.

Brin d'Amour avait tressailli, porté la main à son bâton, puis s'était rapproché sans le prendre.

— Or, continua Beaucormier, les deux corps ont disparu : celui du chevalier de Léris a été volé pendant qu'on fouillait le comte de Nangeac ; celui du comte a été soustrait lorsqu'on vint le chercher pour le porter en terre. On n'a vu personne faire le coup. On suppose seulement que les valets de ces gentilshommes flânaient dans les environs, et qu'attirés par le bruit, mais trop lâches pour défendre leurs maîtres, ils les ont enlevés brusquement alors qu'on ne faisait point attention à eux. Bref, le marquis de Buzançay nous a intimé l'ordre de retrouver ces serviteurs trop dévoués. Il y a surtout un certain Brin d'Amour avec lequel j'ai un compte à régler, et je ne serais pas fâché de lui rendre la monnaie de sa pièce.

— Voire ! dit Brin d'Amour.

— Hein ? de quoi se mêle ce garçon ? Connaîtrais-tu Brin d'Amour ?

— Un peu.

— Tu sais où il est ?

— Je pourrai le savoir.

— Quand ?

— Demain.

— Tu nous le livrerais ?

— Assurément.

— Vivant ?

— Autant que possible.

— Voilà un garçon précieux ! Bois un coup, mon ami. Et tu auras dix pistoles quand tu nous amèneras le coquin. »

Beaucormier versa une rasade à Brin d'Amour, tout étonné de se sentir tant de malice.

« Au fait, pensait-il, tant que je feindrai de chercher pour eux, ils ne me chercheront pas et j'aurai le temps de déguerpir ; auparavant, j'irai chez Mlle de Montévrain ; par sa femme de charge, je lui ferai demander des nouvelles de mon maître et, selon l'occurrence, je retournerai à Baume ou bien je me cacherai en quelque endroit solitaire. »

Il reprit à haute voix :

« Le vin est bon. Demain je vous présenterai Brin d'Amour. »

Beaucormier se tournant alors vers La Pomme :

« Ce que nous venions te demander n'a plus de raison d'être. Allons à notre travail.

— Il y a affaire ce soir ?

— Oui, dans l'angle de la place Dauphine. Viens-tu, Coquelicot ? »

Coquelicot, à moitié gris avant d'entrer chez messire La Pomme, était maintenant complètement ivre : « C'était, disait-il, la joie d'avoir retrouvé Brin d'Amour. »

Cependant nos trois amis, suivis de Lafleur ou Brin d'Amour, qui ne savait où on l'emmenait, sortirent de la tente, et se dirigèrent vers la place Dauphine : Beaucormier tenait le milieu de la chaussée, La Pomme marchait devant, rasant le mur ; Coquelicot allait derrière lui, à quelques pas. Pour Brin d'Amour, il suivait de loin, vivement intéressé par ce manège.

Il faisait une nuit sombre, sans étoiles, et les quelques lampions fumeux de l'endroit ne suffisaient point à éclairer la rue. Un bourgeois vint à passer ; La Pomme le laissa continuer sa route presque jusqu'à Coquelicot, puis il se retourna et nos trois jolis garçons entourèrent le bourgeois.

Celui-ci connaissait sans doute les usages de l'époque : il tira de sa poche un pistolet que Coquelicot s'empressa de lui prendre d'un mouvement brusque ; alors il tira de son autre poche une bourse, la jeta aux pieds de Beaucormier et s'enfuit à toutes jambes, accompagné par les éclats de rire des assaillants.

Beaucormier avait mis sur la bourse sa large semelle de dominicain.

« Ne touchez pas, dit-il, je vais faire les parts ; il serait plus juste d'avouer que cet honnête marchand avait l'intention de m'offrir cette bourse, puisque c'est à moi qu'il l'a jetée ; mais je respecte nos vieilles conventions. Part à trois ! »

Il s'approcha d'une lanterne, défit les coulants de la bourse et...

« Ah ! nous sommes joués ! s'écria-t-il. Il n'y a là-dedans que des cailloux et des jetons de cuivre !

— Mort dé Diou ! exclama Coquelicot.

— Voleur ! » appuya La Pomme.

Brin d'Amour riait à chaudes larmes. Mais voici qu'un homme se faufilait le long du mur, craignant d'être aperçu ; il était grand, bien fait, avec une allure pleine de noblesse.

Les trois compagnons se mirent en devoir de lui barrer la route :

« Allons ! hors d'ici, coquins ! fit le gentilhomme, et faites-moi place. »

Coquelicot dégaina : le gentilhomme l'imita et fondit sur lui ; dans la brusquerie de l'attaque, son épée se rompit sur la large rapière du spadassin ; il n'eut plus qu'un tronçon pour se défendre, ce qu'il fit d'ailleurs avec une adresse remarquable. Mais Beaucormier et La Pomme avaient tiré des poignards de leurs chausses ; ils se rapprochaient du cavalier ; celui-ci, sans armes offensives, était perdu.

« Ah ! murmura-t-il, si Raoul de Nangeac était là ! »

Brin d'Amour, qui assistait froidement à ce curieux spectacle, entendit :

« Le nom de mon maître ! Holà ! qui êtes-vous ? cria-t-il en courant vers le gentilhomme. Qui êtes-vous, vous qui prononcez le nom de mon maître ?

— Que t'importe, drôle ! Ah ! vous ne m'aurez pas vivant !

— Votre nom ? pour Dieu !

— Mathieu de Léris !

— Ah ! bien ! je m'en doutais ! Courage, monsieur le chevalier, courage ! »

Alors, avec une incroyable dextérité, il fit tournoyer son bâton de cornouiller ; le premier coup vint tomber droit sur le crâne chauve du moine, qui se laissa choir.

« De la part de Brin d'Amour ! » cria le valet.

Puis il adressa un second coup à Coquelicot, dont la rapière roula au loin ; Mathieu d'un bond s'en empara et fondit à son tour sur le reître qui, désarmé, prit la fuite.

Brin d'Amour continua sa distribution sur le dos de La Pomme.

« Voici, criait-il, tout en frappant, pour avoir dit que j'étais un imbécile. Voici pour les oignons brûlés ! Tiens, pour les carottes ! voilà ton cidre payé ! »

La Pomme n'eut que le temps d'aller s'enfermer dans sa baraque, où Brin d'Amour, au reste, ne le suivit pas.

« Vite, fuyons, monsieur, dit-il à Mathieu. Coquelicot va revenir avec une armée de chenapans de son espèce. Il vaut mieux qu'il ne nous trouve point.

— Tu m'as sauvé la vie, répondit Mathieu. Que puis-je faire pour toi ?

— Emmenez-moi bien vite auprès de mon maître.

— Ton maître ?

— M. le comte de Nangeac... je suis Brin d'Amour.

— Hélas ! Ton maître, je ne l'ai pas revu... Mais partons d'ici, puisque tu crois que c'est plus prudent ; cette rapière ne saurait nous défendre contre une dizaine de spadassins, et toi, tu n'es pas armé... Au fait, avec quoi frappais-tu donc si gaiement ? »

Alors Brin d'Amour se redressa comme un chevalier vainqueur de la course devant sa belle, et fièrement montra son bâton :

« Ceci est un bâton en cornouiller, dit-il, que

j'ai reçu par héritage de défunt Dubois, mon oncle maternel. Que Dieu ait son âme !

— Je n'oublierai jamais le service que tu m'as rendu. Viens avec moi, je te garderai à mon service jusqu'à ce que tu retrouves ton maître..., hélas ! s'il n'a pas été assassiné comme moi...

— Comme vous ?

— Viens, je te conterai tout cela lorsque nous serons à l'abri. »

Et nos deux hommes disparurent en se faufilant le long des murailles dans la direction de Notre-Dame ; il n'était que temps, à l'entrée du Pont-Neuf une voix criait :

« Allons, camarades ! nous les tenons ! sangodémi ! pille ! pille ! tue ! tue ! »

C'était Coquelicot qui ramenait une vingtaine de malandrins armés de piques, de rapières, gens de sac et de corde qu'il avait dénichés dans une taverne près de Saint-Germain-l'Auxerrois.

Ils ne trouvèrent que Beaucormier qui pleurait et récitait son *Confiteor* ; ils le relevèrent ; Beaucormier demanda à boire ; un des malandrins lui offrit sa gourde ; lorsqu'il l'eut vidée, Beaucormier, homme de bon conseil, dit :

« Ceux que vous cherchez sont bien loin s'ils courent encore ; mais comme il ne faut jamais s'être dérangé pour rien, *item*, pillons les baraques du Pont-Neuf ! »

C'est ce qu'ils firent.

CHAPITRE VII

UN MARIAGE AU DIX-SEPTIÈME SIÈCLE

Le brusque silence de Raoul étonna tout d'abord, puis inquiéta sérieusement Marie.

Que lui était-il donc arrivé pour qu'il se tût ainsi? et l'esprit de la pauvre jeune fille formait cent hypothèses plus alarmantes les unes que les autres, la disposant merveilleusement à subir les intrigues de cour, les pressions morales, les influences étrangères.

Pour Raoul l'amour de Marie était tout au monde; il lui manquait, et avec lui tout semblait lui manquer.

Ce n'était pas que la chanoinesse ne prît à tâche de la distraire, de l'étourdir, s'efforçant de combattre et d'anéantir dans ce jeune cœur l'amour saint et pur qu'elle poursuivait de sa haine.

On était au temps où le comte de Fiesque, tout à sa passion pour la belle Mme de Piennes, ne savait qu'imaginer pour plaire à sa maîtresse.

Courses de bagues, courses de têtes, courses au faquin succédaient aux carrousels et aux plaisirs du théâtre où, suivant le dire d'un contemporain, « des comédiens représentaient les plus belles pièces du monde, en musique et avec des machines dont on n'avait point encore vu de pareilles. »

La duchesse et sa nièce étaient conviées à toutes ces fêtes ; mais, quelque plaisir qu'elle pût y trouver, quels que fussent les hommages qui l'entourassent, l'image de Raoul ne quittait pas la jeune fille, et son souvenir demeurait en son cœur aussi vivant qu'au premier jour.

Il ne lui vint même pas à l'esprit un seul instant qu'il eût pu l'oublier et la trahir : elle croyait en Raoul comme elle croyait en Dieu, et les insinuations ironiques, les allusions malveillantes pour Raoul, dont Mme de Candole ne lui faisait pas grâce, l'inquiétaient, l'effrayaient presque sans avoir la puissance d'effacer de son cœur les sentiments qu'elle y gardait précieusement comme un trésor sacré.

Un soir que, dans le boudoir de sa tante, elle était assise, pensive, cherchant en vain à s'expliquer à elle-même le silence inexplicable du comte de Nangeac, la chanoinesse cessa tout à coup de jouer avec sa perruche, et se tournant vers sa nièce :

« A quoi pensez-vous donc, Marie ? »

Brusquement tirée de sa rêverie, la jeune fille ne répondit pas.

« Voyons, mon enfant, continua Mme de Candole, à votre âge il n'est point bon de s'absorber ainsi dans des songes creux ; aussi bien ai-je à vous parler sérieusement. »

La duchesse déposa sur son perchoir l'oiseau favori et vint s'asseoir dans un fauteuil près de Marie, puis, entrant aussitôt dans le sujet qu'elle voulait traiter :

« Que pensez-vous du mariage ? fit-elle.

— Mais, ma tante...

— Eh ! doux Jésus ! il n'y a point à s'effrayer, mon enfant ; laissez cela aux sottes et croyez-moi : le mariage a son bon côté et... ses bons moments.

— En vérité, ma tante, vous savez que...

— Ah ! je vous en prie, Marie, ne me rabattez plus les oreilles de vos amours de village ; il faut oublier cela, mon enfant. »

Mlle de Montévrain eut un geste effaré.

« Oublier Raoul ! exclama-t-elle, jamais ! »

La duchesse se fit tendre ; elle passa son bras autour de la taille de la jeune fille, l'attira vers elle et d'une voix qu'elle voulait rendre émue :

« Il le faut, mon enfant ! dit-elle ; puis elle répéta lentement : il le faut !

— Mais enfin, ma tante ?...

— J'avais espéré que le temps s'écoulant sur ces enfantillages vous eût rendue moins pénible la nouvelle que j'ai à vous annoncer...

— Mon Dieu ! qu'est-il arrivé ? s'écria la jeune fille toute tremblante ; puis regardant fixement la chanoinesse, elle devina qu'un grand malheur la frappait.

— Mais, répondez-moi, madame ! répondez-moi donc ! »

M^{ne} de Candole essuya hypocritement une larme absente :

« Du courage, mon enfant !

— Ah ! Raoul est mort ! »

Et la jeune fille se dressant d'un bond, se tordait les bras et sanglotait.

La duchesse s'empressa auprès d'elle, tout effrayée du désespoir vrai, de la douleur violente qu'elle venait de faire naître.

Tout à coup Marie sembla reprendre un peu sa présence d'esprit.

« Non ! dit-elle haletante, non ! ça n'est pas possible ! Vous me trompez...

— Hélas !

— Ah ! je vous devine, madame ; c'est pour me séparer de lui : vous le détestez tant ! Mais répondez-moi donc ! Ça n'est pas vrai, n'est-ce pas ? Oh ! je vous en conjure, ma tante, dites-moi la vérité ! Raoul, mon Raoul ! non ! non ! c'est impossible ! Vous mentez ! »

Mme de Candole, pour toute réponse, tira de sa poitrine un morceau de parchemin tout souillé de sang et le tendit à sa nièce.

« Hélas ! ma pauvre enfant, voici ce qu'on a trouvé sur son cadavre. »

Marie arracha le parchemin des mains de la duchesse, fixa un instant les caractères bizarres sous lesquels était écrit : Raoul de Nangeac, puis elle battit l'air de ses deux bras, le souffle sembla lui manquer et elle roula évanouie sur le tapis.

Mme de Candole sonna, fit transporter sa nièce dans sa chambre et pendant quelques jours, elle ne quitta pas le chevet du lit où gisait la pauvre fille en proie à une fièvre violente.

Cependant, la jeunesse aidant, Marie ne tarda pas à être physiquement rétablie. Sa tante demeura pour elle pleine d'affection, de tendresse, évitant de fournir prétexte à ses larmes et donnant à la vivacité du chagrin le temps de s'émousser ; puis, lorsqu'elle vit la jeune fille plus calme, doucement elle lui fit comprendre que son emploi à la cour ne lui permetttait point de demeurer plus longtemps enfermée dans son appartement et, peu à peu, elle l'amena à paraître de nouveau aux fêtes et aux réceptions.

Marie d'ailleurs paraissait brisée par le coup qui l'avait atteinte. Sa volonté était anéantie.

Quand elle la vit facilement dominable, avec maintes circonlocutions et tout en ayant un soin minutieux de ne rien dire qui pût blesser en quoi que ce fût le pieux souvenir qu'elle conservait à Raoul, Mme de Candole se reprit à entretenir Mlle de Montévrain des projets de mariage conçus par Mazarin.

« Je suis vieille, mon enfant, disait-elle, et mon plus grand désir serait de te voir mariée suivant ta naissance, ta fortune et ta beauté ; puis alors, tranquillisée sur ton avenir, je retournerai à Baume, loin de la cour dont les agitations ne sont plus de mon âge. »

La brave dame, chaque jour, revint sur ce thème, tant et si bien que, sans l'accepter, Marie en arriva à subir cette idée qu'elle avait tout d'abord repoussée.

Raoul n'était plus ; elle en avait eu la preuve qu'elle conservait pieusement sur son cœur, comme une relique sanglante ; que lui importait le reste !

Un jour arriva où la duchesse lui présenta, comme devant être agréable à la Reine et au Cardinal, son mariage avec le marquis de Buzançay, et tel était l'état de prostration dans lequel se trouvait Marie, qu'elle se contenta de pleurer à chaudes larmes en pensant à Raoul.

Bientôt, sans qu'elle s'y associât en quelque sorte, tout fut convenu. La cérémonie des fiançailles se fit officiellement et le jour fut fixé où Mlle de Montévrain deviendrait la marquise de Buzançay.

Après avoir longtemps prié, Marie dormait profondément, ce matin-là, lorsque la chanoinesse la vint éveiller pour présider à sa toilette.

Insensible pour ainsi dire, la jeune fille se prêta nonchalamment à tout : sa pensée était ailleurs. Cependant lorsque la princesse de Soubise lui eut offert, au nom de la Reine, un splendide livre d'heures fermé par des agrafes précieuses et marqué à l'écusson des Buzançay accolé à celui des Montévrain, elle tressaillit de tous ses membres ; et ce fut en chancelant qu'elle descendit le grand escalier de pierre, saluée par toute la cour.

Les voitures prirent le chemin de Notre-Dame.

L'église était tendue des plus riches tapisseries d'or, d'argent et de soie ; dans le chœur étaient celles des Actes des Apôtres, et dans la nef les triomphes et les victoires de Scipion sur les Carthaginois. Au milieu de la nef on avait dressé comme une galerie en pente jusqu'au premier pas de l'entrée du chœur ; au milieu du chœur était un grand parterre relevé de trois degrés et, au-dessus, la Reine ayant daigné honorer la cérémonie de sa présence, le dais royal semé de fleurs de lis d'or.

En face on avait placé les fauteuils des mariés et entre les deux prie-Dieu, reposaient, sur des coussins blasonnés, les couronnes aux cinq perles du marquis et de la future marquise.

L'archevêque de Paris officia en personne et, en un fort beau discours, appela sur les époux toutes les bénédictions du ciel.

A cet instant, Mazarin sourit imperceptiblement en jetant un coup d'œil du côté du marquis.

Marie était blanche comme un cygne sous le magnifique voile de malines qui l'enveloppait.

Rêveuse et recueillie, se demandant si elle ne faisait point un rêve terrible, elle pensait au bonheur qui eût été le sien si Dieu avait permis que ce fût Raoul et non pas le marquis qui lui donnât son nom. Il lui semblait que tous ses songes de bonheur prenaient un corps, voltigeaient un instant autour d'elle, puis s'anéantissaient, et elle sentait, planant au-dessus de son front, comme un fantôme terrifiant, horrible.

Cependant, la messe étant achevée, Anne d'Autriche fit à Marie l'honneur de venir l'embrasser, le Cardinal lui adressa quelques compliments que la pauvre enfant n'entendit point; puis, au milieu ds la foule immense de bourgeois et de manants qui se pressaient pour voir et que les gardes de la Reine avaient peine à contenir, les carrosses reprirent le chemin du Louvre.

CHAPITRE VIII

TROIS MARIS POUR UNE FEMME

La cérémonie était terminée ; Marie avait renvoyé ses femmes ; elle avait voulu, avant de recevoir son époux, rester seule avec elle-même.

Vêtue d'un « déshabillé » galant qui faisait ressortir encore toute sa grâce et toute sa beauté, à demi couchée dans un grand fauteuil de tapisserie aux armes royales, la joue appuyée contre ses deux mains enlacées, elle semblait regarder à travers l'espace : son œil fixé sur la grande fenêtre de sa chambre, à cet endroit du Louvre qui fait face au Palais-Royal et où était alors l'appartement des dames d'honneur de la Reine, son œil, dis-je, largement ouvert, dilaté, voyait se profiler au loin les maisons de la rue du Bouloi... Elle songeait à Raoul.

« Mort ! il est mort, pensait-elle ; on me l'a dit ; oh ! c'est horrible ; je vois encore ce papier taché de son sang avec son nom à demi déchiré par le coup fatal... Malheureuse que je suis ! Et si tout cela n'était qu'un rêve ! S'il vivait ? Pourquoi ai-je suivi les conseils de Mme de Candole ? Pourquoi ai-je cédé aux sollicitations de la Reine, aux prières de Mazarin ? Sous les dehors aimables de ces sollicitations et de ces prières, j'ai senti un ordre absolu. « Avec votre beauté, — ma beauté ! — me disait Sa Majesté, vous ne pouvez rester isolée à notre cour ; il vous faut un bras pour vous défendre... » J'ai résisté longtemps, long-temps ; puis les prières sont devenues plus rudes ; la Reine a dit : « Je veux » ; le Cardinal m'a, de sa main, adressé un époux... Marquise de Buzan-çay ! Je suis la marquise de Buzançay !... »

Alors, elle se leva, se dirigea vers son prie-Dieu ; à l'aide d'une petite clef, elle ouvrit un coffret, en tira une fleur desséchée qu'elle baisa en l'arrosant de ses larmes :

« Raoul, Raoul, murmura-t-elle en s'agenouil-lant devant le cher souvenir ; Raoul, pardonne-moi ! On m'a donnée à un autre, mon cœur est à toi pour la vie... et... pour au delà !... »

A peine avait-elle prononcé ces mots qu'une pierre vint, à travers la fenêtre entr'ouverte, tom-ber jusqu'à ses pieds : elle se redressa effrayée. Autour de cette pierre un parchemin était en-roulé : elle regarda longuement ; elle n'osait se baisser :

« Lui ! Lui, peut-être ! Oh ! ce serait affreux ! » disait-elle.

Enfin, le cœur battant à rompre sa poitrine, haletante, elle ramassa ce papier arrivé de si étrange façon, et l'ouvrit ; à peine eut-elle jeté les yeux sur l'écriture qu'elle poussa un cri :

« Ce n'est pas LUI! C'est L'AUTRE !
Et elle lut ce qui suit :

MADRIGAL

A Marie.

Quand l'amour à vos yeux offre un choix agréable,
Jeune beauté, laissez-vous enflammer;
Rien n'est si beau que d'aimer
Dans l'âge où l'on est aimable!
Belle Marie, à mes vœux favorable,
Laissez-moi près de vous mon amour affirmer !
Pour vous mon nom reste un mystère;
Je commande à toute la terre,
Mais enchaîné par des liens bien doux,
Je n'obéis qu'à vous!

Ne vous montrez point cruelle
Ou cessez de me charmer.
Dans le temps où l'on est belle,
Rien n'est si beau que d'aimer!

M. †

« L'autre ! toujours cet M et cette croix. Voilà le vingtième madrigal que je reçois... Qui peut m'écrire ainsi?... Oh! maintenant j'ai un défenseur, je lui dirai tout et nous verrons ! »

Elle se dirigea vers un flambeau et s'apprêta à brûler le parchemin :

« Non! reprit-elle encore, je le montrerai au marquis et je lui demanderai de venger son honneur... et le mien. »

A ce moment on frappa à la porte :

« Déjà! » murmura-t-elle, et, ayant refermé son prie-Dieu, non sans avoir jeté un long et douloureux regard au coffret qui contenait la fleur fanée; suprême souvenir de son amour, elle alla

tirer les verrous : le marquis Noël de Buzançay
entra.

Marie recula épouvantée ; le marquis avait les
traits contractés, les yeux hagards, les cheveux
ébouriffés, la lèvre pendante ; il se mit à rire d'un
gros rire bête ; il était ivre.

« Monsieur... monsieur... que voulez-vous ? »
demanda Marie avec angoisse...

Mais le marquis s'approcha d'elle et voulut la
prendre par la taille ; elle le repoussa ; il faillit
tomber.

« Peste ! la belle ! on fait des façons !... je viens
de chez le Cardinal, mon maître, il m'a forcé de
vider quelques bons flacons... Ferez-vous donc
la mauvaise pour quelques bons flacons offerts
par M. le Cardinal ?... allons, mon enfant, appro-
chons... »

Marie le regarda stupéfaite. Comment ! elle
avait épousé cette brute ; elle était enchaînée
pour la vie à cet ivrogne, qui le soir de leur mariage se grisait comme un laquais ! Ça, un gentilhomme ! Pouah !

« Eh bien, mignonne, reprenait Buzançay,
n'entendez-vous point ? approchez ! Non ? comme
il vous plaira... »

Puis, sans plus s'occuper d'elle, il alla déposer
dans un angle de la chambre sa rapière, dégrafa
son pourpoint et s'assit, s'étala plutôt, sur le fauteuil où Marie rêvait quelques instants auparavant à de chastes amours...

« Ouf ! continua-t-il, on respire ! Allons... ne
vous montrez point farouche... Sachez que je n'ai
jamais trouvé de cruelles !... Vous verrez, vous

m'aimerez... Venez seulement vous asseoir là,
tout près...

Marie eut une inspiration ; elle songeait qu'il
fallait une diversion, qu'il fallait faire perdre à ce
soudard ivre-mort son idée fixe :

« Si je pouvais ranimer un peu en lui les sentiments éteints? » pensait-elle, et tout haut elle lui
dit :

« Ce n'est pas de cela qu'il s'agit, monsieur;
je suis votre épouse devant Dieu et devant les
hommes, par l'ordre de la Reine et le désir de
Son Éminence ; eh bien, je dois vous le dire, un
homme a osé attenter à votre honneur !...

— Que me dites-vous là ? demanda Noël en
souriant... attentér à mon honneur ?

— Un inconnu m'écrit des lettres d'amour, un
inconnu m'envoie des madrigaux...

— C'est fort joli, les madrigaux... Voiture n'a
pas son pareil pour les tourner agréablement!
Pour moi, je me pique de les écrire de la jolie
manière. Je vous dirai, si vous voulez, un madrigal que je fis un jour pour une maritorne qui
m'adorait et qui...

— Ah ! monsieur, ces souvenirs en ma présence... Vous oubliez à qui vous parlez !

— Vous avez raison, ma reine... Alors vous
disiez qu'on vous envoyait des madrigaux ?...

— Laisserez-vous impunie une pareille inso-
lence ?

— Baste ! quelques petits vers...

> Puis-je empêcher de vous écrire
> Ceux que vos beaux yeux ont séduits ?

Voilà deux jolis vers, hein? vos madrigaux sont-ils dans ce goût là ?

— Monsieur, c'est indigne, je me plaindrai à la Reine !

— Enfin que voulez-vous que je fasse ?

— Je veux... je veux que vous sortiez de cette torpeur qui vous envahit, que vous ressentiez comme moi la blessure faite à notre honneur, l'atteinte portée à ma légitime fierté, à ma pudeur de femme... je veux que vous châtiiez le téméraire...

— Mais enfin, quel est-il?

— Je ne sais...

— Alors, n'en parlons plus ! je ne puis aller me battre avec des fantômes !... Non... Nous avons mieux à faire... Venez là, mon ange, et donnez-moi un baiser... »

Marie tira de son corsage le parchemin qu'elle avait reçu par la fenêtre, et le tendit à Noël :

« Tenez, s'écria-t-elle, lisez ! »

Le marquis jeta les yeux sur le factum, puis il devint pâle, livide. Marie triomphait :

« Eh bien ! demanda-t-elle, qu'en pensez vous ?

— Je pense, je pense, murmura-t-il d'une voix serrée à la gorge par l'effroi, je pense que je suis perdu ! »

La foudre tombant aux pieds de Marie ne l'eût pas saisie davantage :

— Perdu ! perdu ! que voulez-vous dire ? criait elle affolée.

— Rien ! je ne puis vous expliquer... ah ! malheureux !... »

Il se laissa retomber dans le fauteuil avec des sanglots d'ivrogne ; Marie le regardait, anxieuse ;

il cessa tout à coup de gémir et de hoqueter.

« Baste, ma foi, tant pis ! advienne que pourra ! dit-il avec insouciance. Moi, d'abord ! et après moi... bien après moi, arrive qui plante ! et après nous la fin du monde ! »

Il resta encore un instant livré à ses réflexions, puis avec un geste plein de désinvolture, il se releva de nouveau et s'approcha de Marie :

« Que voulez-vous ? demanda encore celle-ci... Expliquez-moi donc plutôt...

— Je ne puis rien vous dire ! C'est un mystère qu'il vous est inutile de chercher à approfondir ; il y va de ma tête... sans jeu de mots, ajouta-t-il en riant. Venez, Marie, venez là, dans mes bras, sur mon cœur... »

Plus il se rapprochait d'elle, plus Marie s'éloignait avec dégoût :

« Monsieur, disait-elle suppliante, monsieur, je vous en prie... »

Mais lui s'avançait toujours en titubant ; elle priait, demandait grâce ; lui riait, grossier, lui lançait des paroles obscènes apprises dans les tavernes avec des gotons !

Alors elle se révolta, tira un poignard de son corsage :

« Si vous faites un pas, menaça-t-elle, je vous tue !

— Peste ! nous avons des griffes ! ah ! nous verrons bien ! »

Et il s'élança brutalement sur elle ; malgré son arme, il lui saisit les poignets à les lui briser, la renversa...

A ce moment la porte s'ouvrit.

« *Bone Deus!* quel enragé ! cria une voix railleuse.

Noël se releva, blême, honteux de ce qu'il avait fait :

— Le Cardinal ! dit-il ; et il demeura, la tête basse, devant Son Éminence le cardinal de Mazarin que venait en effet d'entrer à propos pour sauver Marie de la souillure de l'ivrogne.

Marie, d'un geste, répara le désordre de sa toilette, mais pas assez vite, cependant pour que le Cardinal n'eût eu le temps d'admirer de splendides épaules, une poitrine blanche et délicate, qualités corporelles qui, sans doute, à voir le clignement de paupières du prélat, étaient fort intéressantes.

La jeune épousée s'approcha de lui comme pour s'abriter derrière son autorité.

« Ne craignez rien, madame, » dit le Cardinal avec bonté : puis s'avançant vers Buzançay qui restait là, terrifié :

« Vous savez nos conventions, ajouta-t-il à voix basse, de façon que le marquis seul pût l'entendre ; en toute occasion vous devez m'obéir sans murmurer, sans discuter, à l'instant.

— Oui, monseigneur, répondit Buzançay en tremblant.

— Vous savez qu'à la première tentative de révolte, je vous fais conduire auprès de M. le grand prévôt ; vous savez ce qui vous attend ; un procès déshonorant pour votre nom et une corde en place de Grève... Est-ce vrai ?

— C'est vrai.

— Je vous ai sauvé de l'infamie et de la mort, je vous ai fait riche, puissant, à la condition seulement que vous seriez mon esclave : êtes-vous prêt à m'obéir?

— Je suis prêt.

— Bien. Vous allez partir à l'instant même avec deux valets que je me suis permis de vous choisir parmi mes meilleurs ; vous allez gagner Namur, où vous prendrez vos quartiers ; là vous vous amuserez à guerroyer...

— Et je reviendrai?... En disant ces mots, Noël jetait un regard désespéré sur Marie, laquelle demeurait immobile, sans comprendre cette scène jouée à voix basse.

« Quand je vous ferai l'honneur de vous l'ordonner, monsieur, répondit Mazarin avec hauteur. » Il semblait que pour dire tout cela Mazarin eût perdu son accent italien ; il le reprit bien vite :

« Eh! quel air déconfit vous avez, mon *cer* marquis ; ah! *povero!* n'est-ce rien que d'aller se couvrir de gloire en combattant les Espagnols?

— Monseigneur, je partirai demain.

— Non. Sur-le-champ.

— Je n'ai ni équipage, ni...

— J'ai pensé à tout... Un cheval est en bas ; vous trouverez des armes, et vos vêtements sont dans le porte-manteau. D'ailleurs vous allez pouvoir prendre chez vous ce qu'il vous plaira... ah! vous trouverez en outre une bourse contenant plus de pistoles qu'il ne vous en faut pour jouer aux dés pendant vos loisirs, remplacer les chevaux tués sous vous pendant la bataille, payer vos hommes et entretenir votre amour pour la bouteille. Ainsi... »

L'idée de cette bourse parut sourire à Buzançay : il n'hésita plus.

« Ainsi, fit-il, je remercie monseigneur d'avoir songé à moi et de demander à mon bras de combattre pour lui dans les Flandres. »

Puis, dégrisé par ces divers incidents, il fit une pirouette, s'inclina gracieusement devant Marie :

« Madame la marquise, lui dit-il, je pars immédiatement ; vous n'aurez à souffrir de mon...... odieuse présence que lorsqu'il plaira à M. le cardinal. Voulez-vous me pardonner et me permettre de vous baiser la main ? »

Marie laissa Noël prendre sa main, mais elle sentit que le baiser qu'il y déposa la brûlait.

Mazarin, pendant ce temps, avait porté à ses lèvres un sifflet d'argent ; à son appel deux hommes apparurent :

« Coquelicot et Beaucormier ! exclama Buzançay !

— Ce sont deux bons serviteurs, monsieur, répondit le cardinal.

Puis il ajouta à l'oreille de Coquelicot :

« Vous l'accompagnerez en Flandre ; il ne faut pas qu'il revienne. S'il tentait de fuir et de regagner Paris... »

Coquelicot eut un geste significatif qui fit frémir le cardinal lui-même : alors Buzançay salua, tourna sur les talons et, suivi de ses dignes acolytes, sortit de la chambre de sa femme, moins gris qu'il n'y était entré, moins... avancé aussi dans ses amoureuses tentatives.

Le cardinal resta seul avec la marquise de Buzançay.

Par quel hasard se trouvait-il à pareille heure dans l'appartement des dames d'honneur juste à point nommé pour sauver la malheureuse Marie du contact de son infâme époux ? C'est ce que la pauvrette se demandait ; elle pensa d'abord que le galant cardinal avait séduit quelqu'une des dames du palais ; mais elle se souvint qu'elles étaient toutes laides et vieilles, que d'ailleurs elles étaient en ce moment auprès d'Anne d'Autriche ; si ce n'était pas pour ces dames que le cardinal était venu, c'était donc pour elle ? A cette idée, elle frissonna.

Elle en était là de ses réflexions lorsque Mazarin prit la parole :

« Vous avez eu très peur, madame, dit-il. Votre mari s'est conduit avec vous comme un laquais... Je l'ai envoyé en Flandre ; s'il n'est pas tué, il vous reviendra corrigé par la rude vie des camps...

— Ah ! monseigneur, interrompit Marie, je ne veux pas le revoir !

— Pas le revoir, *Dio !* c'est votre époux...

— Je ne l'aimais pas, aujourd'hui je le hais !

— Va *bene !* Nous tâcherons que vous ne le revoyiez plus...

— Monseigneur....

— Oh ! n'ayez pas *pour !* Un chrétien ne doit pas souhaiter la mort de son prochain ! »

Tout en parlant, Mazarin s'était étendu sur des coussins empilés au fond de la salle.

« Venez, continua-t-il, prenez place auprès de moi... Je suis un confesseur, moi. Vous me conterez vos peines, et je tâcherai de vous consoler. »

Bien qu'en tremblant, Marie avait obéi, elle s'était assise auprès du cardinal. Celui-ci la dévorait des yeux, comme on dit ; il lui prit doucement la main :

« Allons, mon enfant, parlez-moi à cœur ouvert... Quelle zolie main vous avez!... Vous re-
grettez toujours l'ami... que vous avez perdu...
C'est bien triste, n'est-ce pas, de perdre ceux
qu'on aime ?... Mais si vous vouliez, madame...
il est des gens qui pourraient vous aimer... des
gens qui vous aiment, qui pourraient vous donner la fortune et la puissance. La reine Anne peut
mourir... »

Marie écoutait, étonnée ; d'abord elle ne comprit pas ; mais Mazarin, sans lui lâcher la main,
s'était rapproché d'elle ; elle sentait son haleine
sur son cou, son regard ardemment fixé sur ses
épaules mal couvertes par un corsage dégrafé,
froissé dans la lutte ; elle entendit ces paroles
mielleuses dites à voix basse dans son oreille,
comme une douce prière ; elle comprenait maintenant ; sans vouloir blesser Son Éminence, elle
essaya de se dégager. Son Éminence lui avait
enlacé la taille ; Mazarin la serrait sur son cœur,
mais délicatement, avec timidité presque, comme
pour ne l'effaroucher point tout d'abord ; la voix
du prélat se faisait contenue, humble ; il sup-
pliait : Marie croyait rêver ; après la terrible attaque de son mari, elle se sentait maintenant brisée, sans force ; elle voulait résister et sa taille
ployait sous les caresses du cardinal ; elle était
tout étourdie, ne répondait pas, et distinguant à
peine les sons de la voix charmeuse qui berçaient
son cerveau comme un chant d'amour...

Tout à coup, brusquement, elle se redressa de
toute sa hauteur ; le rêve disparaissait ; sur une
caresse par trop insolente, elle s'était réveillée :

« Sortez ! dit-elle, d'une voix impérieuse. »

Mazarin se mit à rire.

« Vous me chassez, moi, le cardinal !

— Je vous chasse, qui que vous soyez, parce que vous m'insultez !

— Je suis auprès de vous, je vous aime et je reste...

— A moi ! cria-t-elle en se précipitant vers la porte. »

Mazarin l'avait devinée, il la devança :

« N'essayez point de fuir, mon enfant ; n'essayez point d'appeler, il n'y a personne dans ce corps de bâtiment ; nous sommes seuls et... je vous aime.

— Lâche ! lâche ! » dit-elle.

Le cardinal lui avait pris les mains, mais sans brutalité, doucement, avec cette délicatesse efféminée à laquelle il dut tant de succès ; Marie sanglotait :

« C'est infâme ! » balbutiait-elle, et des torrents de larmes s'échappaient de ses yeux.

Alors Mazarin recommença ; il défila pour la seconde fois le chapelet des mots d'amour ; il faisait de la séduction avec une admirable habileté ; pour la seconde fois, Marie, folle de douleur et de crainte, mais lassée par tant d'émotions, sans forces, se laissait aller ; elle sentait qu'elle allait défaillir ; Mazarin, d'un ton d'acteur, lui récita alors des vers :

> Rien n'est si beau que d'aimer.

Elle se souvint ; ces vers, elle les avait lus sur le parchemin qui avait si fort troublé le marquis de Buzançay ; elle avait maintenant le secret de l'énigme, de l'effroi de son mari et des billets qu'elle recevait depuis quelques jours par des voies aussi diverses qu'étranges : l'M avec la croix; c'était Mazarin. Elle comprit qu'elle était perdue ; elle essaya de lutter ; ses forces l'abandonnèrent, ses yeux se voilèrent, un nuage envahit son cerveau ; elle roula sur le sol.

« Elle est à moi ! s'écria en riant le cardinal.

— Pas encore, répondit derrière lui une voix vibrante de colère ; il sentit alors que la porte s'ouvrait, un formidable choc le renversa presque inanimé. »

Un homme, l'épée à la main, venait d'entrer, fou de rage ; ses yeux lançaient des éclairs : il courut à Marie, la releva, la déposa sur le lit, mit un baiser sur son front ;

« Elle respire, dit-il. Elle est sauvée ! Et maintenant, à nous deux, Monseigneur ! »

Il s'avança vers Mazarin qui commençait à reprendre connaissance, le redressa d'un mouvement brusque et, lorsqu'il le vit sur ses pieds, il lui tendit l'épée de Buzançay qu'il avait aperçue dans un coin.

« Allons ! défends-toi, lui dit-il, misérable lâche !

— Savez-vous bien à qui vous parlez !

— A Mazarin, je le sais ! J'ai juré de vous tuer ; je vous tiens, je vous tuerai. Seulement, comme je ne suis pas un assassin, Monseigneur, défendez-vous. »

Mazarin avait repris tout son sang-froid ; il jeta l'épée de Buzançay.

« Je ne suis pas un homme de guerre, mais un prêtre...

— Vous êtes un infâme !...

— Assez d'insultes, monsieur.

— Avez-vous épargné Marie ! Trêve de discours.... ramassez votre épée.... ou, foi de gentilhomme, je vous tue comme un chien !....»

Mazarin s'était rapproché de la cheminée de la chambre :

« Et vous, monsieur, qui jurez foi de gentilhomme et voulez assassiner les gens, comment vous nomme-t-on ?

— Je suis le comte Raoul de Nangeac !

— Raoul de Nangeac ! »

Le Cardinal pâlit malgré son audace ; les morts revenaient donc pour le châtier ? Mais il se remit.

« Eh bien ! monsieur le comte Raoul de Nangeac, dit-il, foi de Cardinal, dans une heure vous serez pendu en place de Grève ! »

Et il disparut par une porte secrète qu'il avait ouverte dans la paroi de la cheminée : la porte se referma aussitôt ; puis, avant que Raoul, stupéfait, eût fait un mouvement, elle se rouvrit, livrant passage au Cardinal et à une vingtaine de ses gardes.

« Votre épée, monsieur, — dit Mazarin d'un ton de commandement. »

Raoul, machinalement, tendit son épée ; un des gardes voulut la saisir :

« Je suis gentilhomme, fit alors Raoul, je ne rends mon épée qu'à mes pairs ! — Il brisa l'arme et la jeta aux pieds de Mazarin.

— Il y a de la fierté chez ce jeune homme ! pensa le Cardinal. Ah ! baste ! Tant pis pour lou¡ ! Messieurs, ajouta-t-il en se tournant vers les gardes, j'ai promis au comte Raoul de Nangeac qu'il serait pendou dans oune hore, exécoutez mes ordres !.... »

Les soldats s'avancèrent pour s'emparer de Raoul :

« Je vous défends, valets, de porter les mains sur moi, dit le comte : marchez, je vous accompagne... Je saurai mourir ! »

Mazarin le regardait en souriant :

« Il est vraiment très fier, ce jeune héros...

Marie pendant ce temps avait ouvert les yeux ; elle se jeta à bas du lit, courut à Raoul et l'enveloppant de ses bras, de son corps, comme pour le protéger :

« Raoul ! mon Raoul bien-aimé..., avant de t'emmener, ils me tueront ! »

Mazarin se taisait, mais il souriait toujours ; Marie tomba à ses pieds :

« Grâce ! Monseigneur ! Grâce pour lui !... et elle éclata en sanglots.

Après quelques instants de réflexion, après que le Cardinal, voyant à ses genoux cette femme abattue, eut joui de son triomphe, il se retourna vers Raoul :

« Monsieur, la France a besoin de soldats, dit-il ; on se bat dans les Flandres : je vous donne une compagnie de mes gardes si vous voulez sur-le-champ partir pour la guerre....

— Marie, fit alors Raoul, me suivrez-vous ?

— Mlle Marie de Montévrain, reprit lentement le Cardinal, est maintenant Mme la marquise de Buzançay, elle ne peut vous accompagner ! »

Raoul n'en pouvait croire ses oreilles ; elle était mariée ! elle ! Marie, qui lui avait juré un amour éternel, et mariée à l'homme qui avait tenté de l'assassiner.

« Ah ! malheureuse ! s'écria-t-il.

— Raoul, ne me maudissez pas, répondit Marie avec désespoir ; je vous croyais mort.... on m'a forcée ! »

— C'est bien ! Monseigneur, dit Raoul, je vous remercie de l'occasion que vous me donnez d'aller me faire tuer pour le service de la Reine et de ma patrie.... Dans deux heures je serai parti. Adieu !

Et il s'enfuit en courant.

Mazarin fit appeler les femmes de charge de Marie, et il leur confia leur maîtresse évanouie.

Puis il se retira à son tour, suivi de ses gardes ; il riait de bon cœur du tour qu'il venait d'inventer :

« Ce povero va retrouver là-bas son bon ami Buzançay, ses petits mignons Coquelicot et Beaucormier. Ils vont s'entr'égorger et celui des quatre qui reviendra pourra se vanter d'avoir de la chance ! En attendant Marie est libre ; elle doit servir à mes desseins ! Que peut-elle refuser à celui qui a gracié son amant ? »

CHAPITRE IX

AMOURS D'UNE COURTISANE

Avant de continuer notre récit, il nous faut remonter un peu, jusqu'au moment où Raoul était tombé frappé par Buzançay.

Lorsqu'il reprit connaissance, Raoul se trouva dans une chambre richement meublée, couché dans un vaste lit, entouré d'une sorte de pénombre qui ne lui permit pas de distinguer exactement tous les objets qui l'entouraient. D'ailleurs, affaibli par la fièvre et la perte considérable du sang qui s'était échappé de sa blessure, il n'eut pas le temps de procéder à un examen plus long et retomba dans le délire.

Bientôt il lui sembla qu'une figure féminine, vaguement entrevue déjà, se penchait vers lui, qu'un bras soulevait doucement sa tête, tandis qu'une main fine approchait une tasse de ses lèvres ; alors, au contact de la liqueur bienfaisante rafraîchissant sa poitrine, il sentit se ré-

pandre en lui un immense bien-être, puis le délire
le reprit.

Enfin, un moment arriva où ses membres rai-
dis se détendirent, sa respiration se fit plus facilement, la perception des objets revint : il lui sembla qu'il reprenait possession de lui-même, qu'il
renaissait. Alors il promena autour de lui son
regard et voulut se soulever ; mais l'effort qu'il
fit lui causa une douleur cuisante, il poussa une
plainte sourde et s'évanouit.

A ce cri, une jeune femme accourut, le souleva
doucement avec une délicatesse et des soins infi-
nis, lui présentant un breuvage réconfortant.
Raoul rouvrit les yeux, et vit une douce figure
qui, penchée vers lui, souriait et le regardait d'un
bon regard plein de compassion, d'intérêt et d'affection.

Le comte voulut parler.

— Chut ! fit la jeune femme en posant un doigt
sur ses lèvres ; chut ! ne parlez pas encore.
Votre blessure se cicatrise, mais le moindre effort
serait dangereux. Qu'il vous suffise de savoir
quant à présent que vous êtes chez une amie, en
sûreté, à l'abri de tout péril et que, si vous obéis-
sez, vous serez bientôt en convalescence.

Il y avait tant d'affectueux intérêt dans l'inflexion
de la voix qu'il entendait, que Raoul obéit, demeura tranquille et s'endormit.

Le lendemain, lorsqu'il s'éveilla, l'inconnue
était debout près du lit. Raoul fit semblant de prolonger son sommeil, afin d'avoir tout le temps
d'examiner à son aise celle que le hasard lui avait
donnée pour garde-malade et à laquelle, vraisem-
blablement, il devait la vie.

L'examen au reste n'avait rien que d'agréable.

C'était une jeune femme de vingt-trois ou vingt-quatre ans, de taille moyenne. Sa poitrine était d'un modelé parfait; les mains, aristocratiques, s'attachaient finement aux bras que laissait voir, ainsi que le voulait la mode, la manche largement évasée; les lèvres, un peu sensuelles, avaient à chaque coin une fossette charmante qui appelait les baisers, et sous ses épais cheveux noirs brillaient, abrités d'un voile de cils, de grands yeux rêveurs. La physionomie était empreinte de volupté et d'énergie, de sensualité et de volonté, de douceur et de violence.

En somme, une femme délicieuse telle que nous en souhaiterions pour garde-malade à tous nos lecteurs si le malheur voulait qu'ils fussent un jour aussi mal accommodés que l'avait été Raoul.

Peu à peu celui-ci rassembla ses pensées.

Depuis combien de temps était-il cloué sur ce lit? Que s'était-il passé? Qu'était devenu Mathieu? Où était-il? Quelle était cette femme?

Il en était là de son monologue intérieur quand l'inconnue s'approcha.

Raoul ne fit aucun mouvement. La jeune femme le regarda un instant, puis elle s'agenouilla au pied du lit et parut s'absorber dans une pieuse méditation.

« Voyons, pensait Raoul, je ne connais pas du tout cette personne-là et n'ai nulle souvenance de l'avoir jamais vue. Que diable veut dire ceci? Enfin, le meilleur et plus court moyen d'avoir la clef de l'énigme, c'est de la lui demander. »

Il feignit alors de s'éveiller, agita un bras, ouvrit un œil, puis l'autre, les referma et demanda de la voix d'un homme qui vient de s'échapper des bras de la mort :

« Où suis-je ? »

L'inconnue était déjà debout, empressée, souriante, attentive :

« Je vous l'ai dit hier, monsieur, chez une amie...

— Ah !

— Voici : je revenais de chez une de mes parentes et, enfoncée dans ma chaise, je me laissais aller à mes souvenirs et à mes pensées, lorsque mon attention fut soudain attirée par un froissement d'épées ; je me penchai et je vis un gentilhomme qui se défendait vaillamment contre les attaques d'une dizaine de spadassins, puis je le vis tomber ; je poussai un cri et, sans réfléchir, je courus vers le théâtre de la bagarrre : vous étiez là, étendu, sanglant. Je vous pris dans mes bras ; un de mes valets m'avait suivie, il vous transporta dans ma chaise. Vos assassins, qui étaient encore à quelques pas seulement, ne le virent même pas. On vous porta ici, dans cette chambre et... grâce à votre vigoureuse nature, vaus voilà en bonne voie de guérison.

— Je vous dois la vie, madame.

— Ne parlons pas de ça !

— Dites-moi au moins votre nom...

— Pour vous je ne veux être que Lucile.

— Lucile ?... »

Raoul attendait que l'inconnue complétât son nom : il n'en fut rien.

Il reprit alors :

« Et il y a combien de temps que vous me prodiguez vos soins ?

— Vingt-sept jours !

— Grand Dieu!... Que doit penser Marie?... »

Et le comte aurait voulu sauter à bas du lit, mais une violente douleur l'avertit qu'il ne pourrait faire trois pas sans tomber.

Ces paroles avaient assombri le visage de la jeune femme.

« Vous ne pouvez pas vous soutenir, dit-elle d'une voix qu'elle s'efforçait d'affermir. Du reste, à tous les points de vue, ce ne serait pas prudent. Vos ennemis, déroutés, ayant perdu votre trace, sont cependant toujours en éveil. Guérissez-vous d'abord, vous verrez ensuite... lorsque vous pourrez vous défendre.

— Mais Elle ? que doit-elle penser ?...

— Je ne sais quelle est la personne dont vous parlez, monsieur ; mais, et ici la voix de Lucile s'altéra sensiblement, mais faites état de moi et, s'il est possible, je la préviendrai. »

Cette promesse tranquillisa un peu Raoul. Cependant, après réflexion, il se décida à ne point écrire, ainsi qu'il en avait eu tout d'abord l'intention. Sa lettre pouvait tomber entre les mains des gens du Cardinal ; il y avait même beaucoup de chances pour qu'il en fût ainsi ; dès lors c'était se jeter dans la gueule du loup, compromettre Lucile, Marie elle-même peut-être !... Non, il valait décidément mieux prendre patience et attendre qu'il fût en état d'agir.

Une chose l'inquiétait encore : le moyen de reconnaître jamais ce que Lucile avait fait pour lui, ce qu'elle continuait de faire, l'aidant à marcher quand il commença à se lever, ayant enfin pour lui tous les soins et toutes les affections.

La convalescence de Raoul s'accentua bientôt.

Peu à peu les forces lui revinrent. Il commençait à aller et venir ; sa parfaite guérison n'était plus qu'une question de jours.

Lucile était, au reste, non seulement une garde-malade attentive, mais aussi une compagne charmante.

Elle ne savait qu'inventer pour que Raoul ne s'ennuyât point, tout heureuse lorsqu'elle était parvenue à le faire sourire et à le distraire un peu de la pensée qui l'absorbait : Marie.

Marie ! il n'avait que Marie dans la tête. A tout moment il prononçait son nom, ne s'apercevant pas que chaque fois sa compagne tressaillait faiblement.

Pour Raoul, en effet, Lucile n'était pas une femme : il la considérait volontiers comme un camarade à qui il pouvait conter son amour, et il n'en avait faute.

Un soir qu'il s'ennuyait dans sa chambre, il lui prit fantaisie d'aller demander à Lucile qu'elle lui jouât quelque air sur le luth. Il se dirigea donc vers son appartement, souleva la portière et demeura un instant indécis s'il devait ou ne devait pas entrer, à la vue de Lucile en peignoir, assise devant une glace de Venise tandis que sa camériste la coiffait.

Lucile l'aperçut dans sa glace.

« Eh ! bien, entrez donc ! Avez-vous peur ? »

Raoul sourit et vint près d'elle, puis, en jouant, il prit le peigne et le passa dans les cheveux épais de la jeune femme, qui tressaillit au contact de sa main ; un léger frisson la secoua tout entière, une lueur étrange traversa ses yeux.

A ce moment, Raoul :

« Marie, commença-t-il... »

Alors, comme se réveillant en sursaut, Lucile, d'un brusque mouvement de tête, arracha ses cheveux de la main inexpérimentée du jeune homme :

« Finissez ce jeu, comte, lui dit-elle avec une âpreté de voix rageuse ; et laissez-moi. Je suis fatiguée, nerveuse et veux me reposer. A revoir ! »

Raoul, un peu surpris de ce caprice inaccoutumé, rentra chez lui et dormit d'un profond sommeil.

A son réveil, la première chose qui frappa ses yeux fut un large pli placé en évidence.

Le comte le prit, très étonné.

A M. LE COMTE DE NANGEAC.

« C'est bien à moi, dit-il en faisant sauter le cachet. » Il lut :

« Monsieur le comte,

« Votre cœur est tout entier à Mlle de Montévrain ; je ne peux y prétendre en aucune façon, quoique, sans que vous vous en doutiez, je vous aime, moi, de toute mon âme.

« Au reste je suis indigne de vous.

« Je vous ai trompé ; je ne m'appelle pas Lucile ; je suis Nina, *la Nina*, et mes aventures galantes ne sont plus à compter.

« Lucile, cependant, a été mon nom.

« Il y a quatre ans, un gentilhomme vint chez mon père, drapier à Orléans. Il me fit la cour, et m'enleva. Le soir même, dans une chapelle écartée, un prêtre nous unit. Quinze jours plus tard, ce gentilhomme déloyal m'apprenait lui-même ma honte : le prêtre était un valet déguisé et la cérémonie un sacrilège dont j'avais été la dupe et la victime.

« N'osant pas retourner chez mon père, abandonnée bientôt par le marquis de Buzançay, mon séducteur, je me suis sentie perdue et je me suis vendue... souvent. Vous le voyez, je ne veux pas que vous puissiez m'aimer.

« Je suis riche des dons de mes nombreux amants ; je vous ai trouvé, une nuit, grièvement blessé. Votre assassin était l'homme qui a fait ma honte : c'était le marquis de Buzançay. Je vous ai recueilli, soigné, et, peu à peu, je vous ai aimé d'un amour sincère qui m'a fait mieux comprendre l'abîme qui me séparait d'un cœur loyal comme le vôtre.

« Je ne peux être ni votre femme, ni votre maîtresse ; je dois vous dire : adieu, adieu pour toujours.

« Vous êtes guéri aujourd'hui, monsieur le comte : quittez ma maison où vous n'êtes plus à votre place.

« Je fais des vœux pour votre bonheur, et si parfois vous entendez parler de la Nina, pensez à Lucile qui vous aime et qui cependant s'avilit devant vous pour que vous la méprisiez et que vous fuyiez son toit. »

Ceci était signé : « NINA. »

Raoul demeura un instant abasourdi. Il réfléchit à ce qui lui arrivait, très étonné.

Quoi ! c'était là cette courtisane renommée dont

les prouesses galantes rivalisaient avec celles de Ninon et de Marion ! Quoi ! celle qui l'avait entouré de soins si purs, si chastes, était une fille, et c'était pour ses amours qu'il avait un moment failli oublier Marie !

Tout en rendant hommage à la délicatesse de Nina, en la plaignant même, il se rendit aux raisons qu'elle avait évoquées et, bouclant le ceinturon de son épée, jetant son manteau sur son épaule, il donna un dernier regard à la chambre où il avait si longtemps souffert et il partit.

Lorsqu'il eut disparu au détour de la rue, le rideau d'une des fenêtres du premier étage retomba, et Nina, éclatant en sanglots, se jeta dans un fauteuil :

« Il le fallait ! » dit-elle, et elle ajouta :

« Mon Dieu ! mon Dieu ! si je pouvais mourir ? »

CHAPITRE X

LA LAMPROIE

Par une belle matinée de juin, un cavalier, monté sur un cheval magnifique, suivait au galop la route de Paris à Amiens ; il était arrivé à ce point où est aujourd'hui le village de Longo, à quelques lieues seulement du monastère de Saint-Acheul ; il mit son cheval au pas.

« Repose-toi, Sultan, repose-toi... Il ne faut pas m'en vouloir, pauvre bon vieux serviteur, si je te mène de ce train-là depuis Paris : va, ce n'est pas que j'aie hâte d'arriver ! j'ai hâte seulement de m'éloigner de cette ville maudite, de cette femme en laquelle j'avais foi et qui m'a indignement trompé ! J'ai été le jouet de cette fausse créature, aussi hypocrite que belle ; j'ai été dupe de ses serments, de ses transports ! Ah ! imbécile que je suis ! on ne me reprendra plus à aimer ! C'est la première, c'est la dernière fois ! Elle, si pure, si vertueuse ! on lui dit que je suis mort, elle le croit et, sans plus attendre, elle en épouse un autre, et quel autre! Un Buzançay, un espion du Cardinal, spadassin et lâche! Elle comptait sur ma mort, oh! oui! maintenant je suis bien mort pour elle... A la première affaire!... »

Raoul, car c'était lui, continua ainsi son soliloque; il adorait Marie plus que jamais, puisqu'il en disait tant de mal; s'inquiète-t-on des personnes qui vous sont indifférentes?

Il était parti pour se faire tuer, et il essayerait, cela est certain.

Et tous les événements de l'autre nuit passaient dans sa mémoire; il se rappelait comment il était parti de chez Nina, comment il était allé à l'hôtel de Candole; là on lui avait refusé sur Marie les renseignements qu'il demandait; on lui avait dit seulement que Marie était demoiselle d'honneur chez la Reine, et le suisse lui avait fermé la porte au nez sans s'expliquer davantage. Que faire? Il n'était pas prudent à lui de se montrer dans les rues; échappé par miracle à la mort et aux embuscades du Cardinal, il pouvait être reconnu, tomber entre les mains des sbires de Mazarin; alors qui sait si quelque coup de pistolet parti comme par hasard ne viendrait pas mettre fin à ses aventures?

Or il aimait Marie; rétabli enfin de sa blessure, il voulait la voir, ne fût-ce qu'un instant, lui jurer sa foi, recevoir la sienne et retourner dans quelque endroit caché où il pourrait attendre à l'abri le moment d'agir et de se montrer.

Puis des projets vagues avaient envahi son cerveau; au désir de voir Marie se joignait le désir de l'emmener avec lui, loin du monde, loin de ses ennemis, loin de la Cour : peu à peu ce sentiment avait pris un corps ; Raoul, avec l'audace de la jeunesse, se décida vite :

« J'entrerai au Louvre, avait-il dit, j'irai trouver Marie, coûte que coûte, et, quoi qu'il arrive, je l'enlèverai, dussé-je passer sur le corps de tous les gardes du palais !

Une fois sa résolution prise, il avait mis tout en œuvre pour l'exécuter. Il était d'abord allé rôder autour du corps de garde, en face de Saint-Germain-l'Auxerrois ; il pensait trouver là quelque gentilhomme de sa connaissance. Son attente n'avait pas été trompée : au bout d'une heure on s'était aperçu de son manège, un mousquetaire était venu à lui, criant :

« Oh ! l'ami, que faites-vous là ? Que demandez-vous ? »

Raoul s'était aussitôt fait reconnaître au mousquetaire, un ennemi de Mazarin : en quelques mots les deux complices se mirent d'accord : le mousquetaire, qui connaissait Raoul comme un des membres de la conspiration dont lui-même faisait partie, lui demanda ce qu'il désirait :

« Entrer, répondit Raoul, dans l'appartement des demoiselles d'honneur.

— Diable ! c'est grave, reprit le mousquetaire... Ma foi, je vais vous montrer où il est situé, vous donner le mot de passe, et vous vous arrangerez ensuite comme vous l'entendrez ; c'est affaire à vous.

— C'est tout ce que je souhaite.

Raoul n'avait eu garde de dénoncer son secret

espoir : pénétrer au Louvre, tout, pour lui, était là.

Seul, mais d'après les instructions du jeune homme, il monta donc à l'appartement des demoiselles d'honneur, voisin de celui des dames du palais ; il attendit une partie de la soirée, caché dans un cabinet ; l'appartement demeura vide ; à minuit, il entendit du bruit dans l'appartement des dames ; il s'approcha, écouta, crut reconnaître la voix de Marie, défonça la porte d'un coup de pied : on sait le reste.

Ces diverses péripéties lui revenaient à l'esprit depuis deux jours qu'il cheminait sur la route d'Amiens.

Tout à coup il fut tiré de sa rêverie par un spectacle véritablement grotesque.

Un petit homme, très gros, très rond, déboulinait du talus qui bordait la route en criant de toutes ses forces comme quelqu'un qui fait une chute désagréable :

« Aïe ! ma tête ! Aïe ! mon dos ! »

Pendant ce temps un grand diable, maigre, se profilait dans le ciel, au haut du talus, disant d'une voix calme :

« Où vas-tu, mon ami ? Ce n'est pas par là, sangdiou ! »

Raoul poussa son cheval, mit pied à terre auprès du malheureux qui gémissait étendu sur le sol, lui tendit la main, le releva ; mais quelle ne fut pas sa stupéfaction lorsqu'il vit cet individu le regarder d'abord avec étonnement, puis s'enfuir à toutes jambes, sans même lui crier merci !

« Singulier personnage, pensa-t-il, on dirait qu'il a le feu à ses chausses. »

Et il se mit à rire sans plus s'en inquiéter ; un bruit de pas au faîte du talus lui rappela que le fuyard n'était pas seul ; il leva la tête :

« Tiens ! tiens ! pensa-t-il, je connais cette figure-là ! »

Il ne put prolonger son examen ; le singulier escogriffe l'avait aussi regardé et, comme son camarade, s'était mis à courir de toute la vitesse de ses jarrets.

« Ah çà ! dit Raoul, suis-je donc un épouvantail ?... Mais où diable ai-je vu cette tête-là ? »

Alors il remonta à cheval, un peu inquiet, et reprit sa route, marchant prudemment et jetant autour de lui des regards investigateurs ; les deux singuliers personnages avaient disparu.

« Le Cardinal, songeait notre cavalier, est bien capable de m'avoir envoyé quelques-uns de ses aventuriers avec mission de le débarrasser de ma personne ; ceux-là ne sont peut-être pas seuls, qui sait si je ne vais pas tomber dans quelque guet-apens ? »

Ses craintes furent vite dissipées, la route était déserte ; il passa devant le monastère de Saint-Acheul, et arriva enfin à Amiens vers midi par le faubourg Saint-Denis, sans avoir rien observé de suspect.

Toutefois, par prudence, il n'entra pas dans la ville et résolut de la côtoyer ; puis il se souvint qu'il avait faim, que son cheval devait être fatigué, que rien, en somme, ne le pressait :

« Ma foi ! dit-il, je vais m'arrêter et déjeuner. »

Toujours en contournant le faubourg, il arriva devant une auberge d'assez belle apparence, où se lisait cette enseigne : *A la Lamproie.*

« Voilà mon affaire ! C'est un endroit retiré, presque désert ; il est peu probable que je sois dérangé là ; peut-être n'y ferai-je pas un festin de Lucullus ! Baste ! à la guerre comme à la guerre ! »

Et, sans descendre de cheval, il heurta l'huis : une grosse femme, encore jeune et assez jolie, la tête gaillardement coiffée d'un foulard rouge qui lui donnait assez bonne mine, apparut :

« Qui est là ? Que voulez-vous ?. dit-elle d'une voix rude.

— Je suis un gentilhomme qui mourra de faim si vous ne lui donnez à manger !

— Vous n'êtes pas Espagnol, au moins ?

— Pas pour l'instant... Je suis gentilhomme, encore une fois, et j'arrive de Paris ! Allons, vite, ouvrez, mon cheval sent l'avoine et s'impatiente.

— De Paris ! Pour sûr que je n'ouvrirai pas ! de Paris !

— Et pourquoi donc, la commère ? Ai-je l'air d'un huguenot ou d'un voleur ?

— Nani dà ! Mais il vient de sortir d'ici un jeune seigneur qui m'a dit venir de Paris et qui, au lieu de payer son dû, a presque assommé ma servante ?

— Eh ! madame, je ne bats point les femmes et je paye largement ma dépense. »

Ne sachant où aller sans pénétrer dans la ville, Raoul était décidé à entrer là, et, tout en causant, il lançait à l'hôtelière des œillades enflammées ; ce manège réussit :

« Allons ! venez tout de même, mon fieu, dit-elle enfin, mais vous payerez d'avance !

— Qu'à cela ne tienne, commère, voilà de l'argent.

Et Raoul lança une pièce d'or à l'aubergiste qui, devant cet argument décisif, se hâta de tirer les verrous et d'ouvrir la porte.

Raoul en entrant se trouva dans une vaste salle, très propre, ornée de tables et de pots de fleurs ; l'intérieur, avec son aspect gai et ensoleillé, ne répondait mi à l'extérieur ni à la mine rébarbative de l'hôtelière : deux servantes, jeunes et jolies, vaquaient aux travaux du ménage, tandis qu'une troisième, fort accorte, allait mener à l'écurie le cheval du comte de Nangeac.

« Comment, dit celui-ci à l'hôtesse lorsqu'il eut commandé son repas, vous n'avez pas d'homme ici ?

— Hélas ! monsieur ! j'avais un mari, un méchant garnement qui ne valait pas le diable ; un jour, à bout de patience, je le quittai ; un soldat me recueillit et vint s'établir à Amiens, son pays, avec moi. Il est mort il y a six mois... et je m'ennuie bien. Je suis encore en âge de faire une passion ; malheureusement, je ne trouve pas à mon goût... Mon mari, sans doute, est mort... Si seulement il revenait... je ne l'aimais pas... mais pensez donc, six mois de veuvage !... »

Et, disant ces mots, elle adressait à Raoul ses plus gracieux sourires : c'est que notre héros était, nous l'avons dit, un beau garçon ; il avait déjà fait tourner bien des têtes : mais, tout à son amour pour Marie, il feignit de ne pas s'apercevoir des agaceries de la bonne dame.

Celle-ci le servit elle-même, avec des petits soins maternels ; elle lui offrit ses meilleurs morceaux et lui débita les plus jolies choses du monde. Pour détourner la conversation, Raoul demanda :

« Vous ne savez pas quel était ce gentilhomme qui est venu avant moi et qui est parti sans vous payer ?

— Je ne le sais que trop ! Il m'a dit son nom et a ajouté : « Vous ferez régler votre compte par le Cardinal ! »

— Le Cardinal ? c'est singulier... Et comment s'appelait le personnage ?

— Le marquis de Buzançay. »

Buzançay ! Raoul tressaillit :

« Vous avez dit Buzançay ?

— Oui, monseigneur. Le connaissez-vous ?

— Non ! non ! Mais il peut bénir le ciel de ne pas m'avoir trouvé ici, car, par la mort-Dieu, il n'en serait pas sorti vivant !

— Alors vous le haïssez ?

— Oui ! il faut que je le tue !

— Et vous ferez bien », répondit la commère en manière de péroraison.

Raoul réfléchissait :

« C'est bien cela, pensait-il. Et je m'explique les deux figures que j'ai rencontrées sur ma route. Mazarin a envoyé Buzançay avec des hommes pour m'assassiner ! »

Puis à haute voix, il continua :

« Et ce Buzançay etait seul ?

— Absolument seul.

— Vous ne l'avez point vu parler à une troupe de gens ?

— Non... à personne. La route était déserte ;

après son repas, il a cherché à embrasser la servante, celle-ci n'a pas voulu et l'a repoussé; alors il l'a battue, est remonté à cheval et s'est enfui ventre à terre.

— Dans quelle direction ?

— Vers le nord.

— Le même chemin que moi », murmura Raoul.

Le déjeuner terminé, l'hôtesse reprit la parole :

« Ne désirez-vous pas vous reposer, monsieur le comte ? Votre cheval est encore en sueur et ne peut partir dès à présent. Voulez-vous une jolie chambre donnant sur la route ? Une vue superbe et un bon lit.

— Au fait, c'est une idée... Mon pauvre Sultan a été un peu surmené et moi-même je ne serais pas fâché de dormir une heure ou deux : après cet excellent déjeuner, je me sens la tête lourde : veuillez donc m'indiquer le chemin. »

L'hôtesse monta au premier étage et fit entrer Raoul dans une vaste pièce, assez bien meublée, avec une grande fenêtre où grimpaient des volubilis dans des nuages de soleil, et un grand lit à colonnes où l'on devait dormir comme un roi :

« Mais c'est parfait, dit Raoul, je serai là admirablement.

— N'avez-vous pas besoin de moi ? répondit l'hôtesse, demandez-moi tout ce que vous voudrez, tout. »

Et, en devisant, elle poussait des soupirs à fendre l'âme ou envoyait au comte des œillades égrillardes. Raoul la contemplait; elle était assez jolie, avec des formes accentuées qui avaient une tournure fort agréable ; ce n'était plus la jeune fille, c'était la femme faite et... bien faite. Raoul cependant eut comme un remords anticipé et dit d'un ton sec :

« Je n'ai besoin de rien. »

L'hôtesse se retira d'un air désolé.

Le comte s'étendit sur son lit et s'endormit en pensant à Marie.

Il dormait depuis deux heures environ lorsqu'il lui sembla qu'on entrait dans sa chambre ; c'était l'hôtesse ; elle avait un corsage décolleté qui montrait des épaules appétissantes, et ses longs cheveux noirs éparpillés sur son col couvraient mal sa poitrine ; dans son demi-sommeil Raoul la vit s'approcher ; il lui sembla qu'elle se baissait vers lui et qu'elle lui appliquait sur les lèvres un long baiser ; il tendit les bras et saisit un corps tout frissonnant.

A ce moment deux voix d'hommes, sur la route, se mirent à chanter, avec des cris bizarres, des notes fausses, et un accompagnement de violon mal raclé :

> Viens voir couler mes larmes
> Sur ce même gazon
> Où l'amour par ses charmes
> Egara ma raison.
> Si dans ce lieu funeste
> Rien ne peut t'attendrir,
> Adieu, parjure ! un bien me reste,
> C'est l'espoir de mourir !

A ce bruit Raoul s'éveilla tout à fait.

L'hôtesse, car c'était bien elle, était devant lui, effarouchée :

« Qu'est-ce ? que voulez-vous ? » dit-il.

Elle restait là, ne sachant que répondre, embarrassée comme un malfaiteur pris en flagrant délit :

« Allons, la belle, reprit Raoul, remettez-vous ; une jolie fille ne me fait pas peur... malheureusement, mon enfant, j'aime ailleurs ! »

Et il étouffa un soupir. L'hôtesse regrafait son corsage et relevait ses cheveux, lorsque de nouveau les deux voix d'hommes hurlèrent plutôt qu'elles ne chantèrent :

> Un jour viendra peut-être
> Que tu n'aimeras plus ;
> Alors je ferai naître
> Tes regrets superflus.
> Tu verras mon image :
> Tu m'entendras gémir,
> Tu te plaindras, berger volage,
> De m'avoir fait mourir.

Le couplet achevé, un des hommes reprit :

« Ayez pitié d'un soldat blessé au service de la reine, capédiou ! »

L'autre disait :

« *Facitate caritatem !* Ayez pitié d'un malheureux moine qui a soif ! »

Puis tous deux reprenaient :

« La charité ! la charité !

— Voilà, dit Raoul, de pauvres diables bien malheureux. »

Tirant quelque monnaie de sa poche, il se rendit à la fenêtre et l'ouvrit : l'hôtesse le suivit :

Deux exclamations partirent en même temps de leurs poitrines et, tandis que Raoul courait à

son épée, l'hôtesse sortit, joignit les deux mendiants, les prit par le bras, les poussa chez elle,
sans plus d'explications. A ce moment Raoul arrivait dans la salle, son épée nue à la main ; les
deux hommes, l'apercevant, tombèrent à genoux
et crièrent :

« Grâce ! »

Ces mouvements divers avaient été exécutés en
moins de temps qu'il ne faut pour l'écrire ; tout
cela était si inexplicable, si inattendu, qu'au cri
« grâce », nos quatre personnages se regardèrent
comme pétrifiés. L'hôtesse parla la première :

« Que signifie ? dit-elle à Raoul ; allez-vous
tuer mon mari ? »

Le moine pour la première fois leva les yeux ;

« Ma femme ! exclama-t-il.

— Beaucormier ! fit Raoul.

— Et Coquelicot, reprit celui-ci qui, s'étant
relevé, salua gracieusement et se dirigea vers la
porte. »

Raoul le prévint :

« Halte, l'ami ! vous ne sortirez pas avant de
m'avoir donné une explication !

— Monseigneur est trop bon, répondit Coquelicot en s'inclinant ; mais, sangdiou ! je suis un
peu pressé : om m'attend chez un fermier du voisinage pour mettre du vin en bouteilles.

— Assez de plaisanteries : revenez au milieu
de la salle, ou, foi de gentilhomme, je vous passe
mon épée au travers du corps. »

Coquelicot s'exécuta ; il vint se placer derrière
Beaucormier, lequel se faisait petit derrière l'hôtesse.

Alors une explication eut lieu.

« Qu'avez-vous donc? demanda l'hôtesse à Raoul.

— Ces deux gaillards, exclama celui-ci, ces deux chenapans ont voulu m'assassiner !

— *Bone Deus!* Si on peut dire ! fit Beaucormier.

— *Santa Maria !* Vous m'avez presque crevé un œil, fit Coquelicot, au passage du Doubs.

— Et moi, reprit Beaucormier, vous m'avez fait rosser par vos gens. »

Puis tous deux ensemble :

— Vous nous avez jetés par la fenêtre.

Ils disaient tout cela d'un ton piteux, avec des regards suppliants : Raoul ne put s'empêcher de rire ; ils étaient sauvés.

» Allons, coquins ! je vous dois une correction, mais je ne veux pas salir mon épée à cet exercice. Je vous fais grâce.

— Monseigneur est un vrai gentilhomme, capédiou ! répondit Coquelicot. Il ne s'attaque pas à des soldats désarmés...

— Taisez-vous ! je vous accorde votre grâce à une condition, c'est que vous allez me dire ce que vous faites ici, et m'aider à trouver ce Buzançay maudit qui payera pour vous !

Coquelicot prit la parole :

» Nous ne savons où il est.

— Ne mentez pas ! vous le savez : vous étiez avec lui !

— Nous y étions, mais nous n'y sommes plus.

Alors Beaucormier, remis de sa frayeur, dit à voix basse à l'hôtesse :

— Ma femme, ma mie! j'ai la gorge desséchée : j'ai soif :

Raoul entendit :

« Donnez-leur à boire, commanda-t-il, et causons.

— C'est ça, c'est ça, murmura Beaucormier; causons, mais d'abord à boire!

L'hôtesse servit un pot de vin et des gobelets, puis s'adressant au moine :

«Pour vous, dit-elle, nous causerons tout à l'heure! j'ai une explication à vous demander aussi à vous, brigand!

Beaucormier, après avoir vidé son gobelet d'un trait, raconta alors à Raoul ce que le lecteur sait déjà, qu'il était parti avec Coquelicot autant pour surveiller Buzançay que pour le servir.

Jusqu'à la veille tout avait bien marché.

Buzançay était très gai, il faisait sonner l'or dans ses poches, il embrassait toutes les filles sur son chemin; puis il s'était grisé et, sans raison, il était tombé sur eux à coups d'épée : Coquelicot avait une blessure au bras; Buzançay lui avait brisé sa belle rapière sur le corps; pour lui, Beaucormier, il avait reçu un coup de pied dans un endroit sensible et, étant tombé, avait heurté un caillou auprès duquel il était resté comme mort. Buzançay avait disparu.

Beaucormier et Coquelicot avaient alors erré toute la nuit à l'aventure; le matin, mourant de faim, sans argent, leurs vêtements déchirés dans la lutte, ils avaient cherché à gagner Amien pour y trouver de l'ouvrage ; c'est ainsi qu'ils avaient rencontré le comte, et qu'ils s'étaient enfuis, ne se sentant pas l'âme bien nette.

Près d'Amiens, ils avaient aperçu un gamin qui mendiait et jouait du violon ; une idée leur était venue ; s'ils demandaient la charité, ils pourraient peut-être parvenir en Flandre et, là, trouver du service dans l'un ou l'autre camp ? ils avaient donc *emprunté* au petit son violon et avaient continué leur route en chantant : mais jusque-là il n'avait eu aucun succès.

« Car, ajouta Beaucormier, Coquelicot chante comme un pot fêlé !

— Ça n'est pas vrai ! C'est toi, appuya Coquelicot.

— C'est tous les deux, » affirma Raoul.

Beaucormier, dans son récit, avait passé sous silence un trait particulier au caractère des deux amis ; lorsque Buzançay était tombé sur eux, c'est qu'ils tâchaient de profiter de son ivresse pour lui dérober sa belle bourse d'or, présent du Cardinal. Le moine ne jugea pas à propos d'insister sur ce beau fait.

Raoul, satisfait de ces explications, s'apprêtait à partir ; Coquelicot s'approcha de lui :

— Si monseigneur, dit-il humblement, avait besoin d'un valet dévoué, d'un homme de cœur pour l'accompagner.

— Eh ! maroufle, que ferais-je de toi ? Tu m'assassinerais en route.

— Monseigneur, une même cause nous lie, capédiou ! je veux me venger de Buzançay. Emmenez-moi, usez de moi et... payez-moi. Je ne trahis jamais qui me paye, foi de Coquelicot.

— Au fait, il faut que je retrouve le chevalier : peut-être pourras-tu me servir. Je t'emmène ; seulement je te préviens, au premier geste équivoque, je te casse la tête d'un coup de pistolet.

— C'est convenu !

— Et moi, dit Beaucormier.

— Toi, répondit l'hôtesse, tu es mon mari : je te tiens, je te garde. Je suis la propriétaire de cette hôtellerie ; ainsi que le disait ce seigneur ce matin, j'ai besoin d'un homme... seulement tu m'expliqueras...

— Tout ce que tu voudras, mon petit cœur... Mais, tu vois, je suis plus généreux que toi... je ne te demande pas compte de ta vie et... je reste.

Puis il jeta au loin sa robe de moine qui recouvrait un vieux pourpoint usé et des chausses en loques et demanda où était la cave. Mais Mme Beaucormier, connaissant son mari, lui en refusa les clefs : on but seulement un second coup de vin ; Raoul acquit pour Coquelicot un bidet que Mme Beaucormier lui céda, et une vieille rapière oubliée dans un coin.

Tout étant ainsi arrangé, on vida un troisième flacon ; Beaucormier et Coquelicot se firent des adieux touchants ; ils pleuraient comme des gens ivres.

Enfin, Raoul partit avec son nouveau valet ; Mme Beaucormier, sur le pas de sa porte, le suivit longuement d'un regard plein de tristesse et de regret. Alors, Raoul, déjà loin, se retourna sur sa selle d'un mouvement gracieux et, montrant Beaucormier à l'hôtesse, il lui cria :

— Soyez heureux !

Puis il disparut au détour du chemin, tandis que Mme Beaucormier, d'une main sûre, allongeait une maîtresse gifle à son mari qui se permettait de lui pincer la taille.

XI

LA MAITRESSE DE MAZARIN

Quelques jours après le pseudo-mariage de Marie, le son des trompes de chasse faisait retentir les échos de la forêt de Saint-Germain.

Le Roi, la Reine et le Cardinal lui-même avec toute la cour suivaient la meute ardente. Pour la première fois, Louis XIV remplissait les fonctions de maître d'équipage. C'était à lui que Lanpaumure, le premier *piqueu*, avait fait le *rapport* sur l'autorisation expresse du grand veneur, qui désirait que la première solennité cynégétique à laquelle présidât le Roi fût une solennité de veneurs et non une parade conforme à l'étiquette.

Mazarin n'avait pas cru devoir se dispenser d'assister à la chasse, et comme, après tout, il était beau cavalier en dépit de la robe épiscopale, il vint au *rendez-vous*, assista à la « frappée, aux brisées », attendit que l'on eût sonné le *lancer* et la *tête*, puis, tandis que l'escadron brillant s'élançait à travers les taillis et sous les grandes futaies,

il fit opérer une demi-volte à son cheval et prit
une avenue à droite, après avoir dit aux quelques
gentilshommes qui s'étaient respectueusement
arrêtés à distance :

— Continuez, messieurs. Je retourne avec
M. d'Espinay du côté des carrosses.

M. d'Espinay était le capitaine des gardes du
Cardinal, qui avait en lui pleine et entière confiance.

Les deux cavaliers prirent un temps de trot,
puis le Cardinal mit son cheval au pas, exemple
que suivit immédiatement son compagnon.

Un instant après ils rejoignaient les voitures.

Mazarin, du premier coup d'œil, aperçut celle
où se trouvait Marie. Il n'eut garde cependant de
se diriger immédiatement de ce côté, s'arrêta ici
et là, disant à chacune des dames quelques mots
aimables, puis, sans affectation, il s'approcha de
la marquise, s'inclina profondément devant elle
et demeura près de son carrosse plus longtemps
que près de tout autre.

Il fut très affectueux, plein de commisération,
de délicatesse. Il sut se rendre sympathique et
resta près de Marie le temps nécessaire pour
qu'on remarquât sa présence et pour obtenir de la
jeune femme qu'elle voulût bien accepter ses
conseils dans la circonstance fâcheuse où elle se
trouvait.

Au moment où il prenait congé, la reine, fatiguée de courir une *troisième tête* qui, vraisem-
blablement, ne tiendrait pas les abois, revenait
au rendez-vous. D'un geste elle appela le cardinal.

« Vous avez quitté bien précipitamment la chasse, Éminence ? »

— Mon Diou, madame, ces plaisirs bruyants siéent mal à mon caractère et...

— Et vous pensiez trouver ici une compensation, n'est-il pas vrai ?

— Je né sais ce qué Votre Mazesté veut dire !

— Que Votre Éminence a fort bon goût, que Mme de Buzançay est charmante et que j'ai eu parfaitement raison de faire votre paix avec elle.

— Votre Mazesté ne peut croire !...

— Je crois ce que je vois, et cela me suffit. »

Anne d'Autriche s'éloigna alors sans prendre garde que le cardinal souriait imperceptiblement sous sa fine moustache au dépit qu'elle manifestait.

Puis, lui-même, pressant des genoux le splendide genet d'Espagne qu'il montait, prit le chemin de Paris, et le soir même il se présentait à l'appartement qu'occupait au Louvre la confiante et naïve Marie de Buzançay.

Au reste, sa visite fut courte et purement amicale. Il affecta de se poser en conseiller qu'émouvait et attristait la situation équivoque faite à Marie.

Il fut empressé, affectueux, et dès cette entrevue il s'efforçait à capter entièrement la confiance de la jeune femme.

Le lendemain, on ne parlait que de la longue visite que le ministre avait faite à la marquise et les cancans de cour allaient grand train.

Ce jour-là, la reine semblait de méchante humeur : les courtisans n'avaient point à en chercher la raison.

Depuis plusieurs mois déjà, en effet, les relations entre Anne d'Autriche et son ministre étaient des plus tendues, se bornant aux entretiens d'affaires ; celui-ci affirmant de jour en jour son pouvoir et indécis de savoir s'il prêterait son appui au prince de Condé ou à la reine. Celle-ci ne se dissimulait point d'ailleurs les dangers qui l'environnaient, et puis, après avoir repoussé Mazarin par caprice, il lui déplaisait de le voir donner son amour à une autre ; elle sentait le dépit l'envahir et elle se disait qu'elle était bien osée celle qui venait ouvertement, devant elle, ramasser le cœur dont la reine de France n'avait plus voulu.

Ce jour-là, le cardinal n'avait point encore paru au Louvre, bien qu'il y eût conseil.

La reine écoutait distraitement Roquelaure lorsque la marquise de Buzançay, qui venait d'entrer dans la galerie, se dirigea vers elle pour lui rendre ses devoirs, au milieu des chuchotements de tous les groupes.

La reine eut un frémissement qu'elle réprima presque aussitôt, et lorsque Marie fut près d'elle :

« Recevez mes compliments, marquise ; vous étiez belle à ravir hier à la chasse, lui dit-elle ironiquement ; et nous avons vu non sans plaisir que d'autres que nous partageaient notre avis. Vous avez bien fait de secouer un peu l'ennui qu'avaient fait naître en vous les scènes de votre mariage, et nous ne doutons pas que vous saurez vous consoler de l'absence du marquis de Buzançay. Vos beaux yeux ne sont pas de ceux qui pleurent longtemps. »

Dans l'ingénuité de son esprit, Marie ne comprit pas l'ironie des paroles de la reine ; elle répondit au hasard :

« Votre Majesté est trop bienveillante ! »

Ces paroles parurent à Anne d'Autriche l'expression parfaite de l'effronterie.

Elle jeta sur la pauvre Marie un regard fulgurant que celle-ci ne se put expliquer. A ce moment la voix de l'huissier annonça :

« Son Eminence Mgr le cardinal ! »

La reine, qui s'était levée et avait déjà à moitié tourné le dos à Marie, s'arrêta brusquement :

« L'oiseleur suit de près la colombe, murmura-t-elle entre ses dents pressées par la colère, et elle reprit sa promenade. »

Marie fut cependant bientôt entourée. Les courtisans étaient gens soucieux de se concilier la faveur de la reine et celle du cardinal, et si ce qu'ils présumaient se réalisait, s'il était vrai que la marquise fût ou pût devenir la maîtresse du ministre, ils pensaient qu'il était prudent de ne pas l'animer contre eux.

Mazarin d'ailleurs, après un court entretien avec la reine, traversa à son tour la galerie et vint droit à Marie.

Aussitôt le groupe qui s'était formé autour d'elle s'écarta.

« Vraiment, marquise, zé vous sais gré d'avoir ainsi suivi mon conseil. La solitoude n'est pas bonne et z'espère bien qué vous ne vous refouserez pas à partager nos plaisirs, à ces messious et à ces dames. »

Puis, il causa un instant avec elle d'une voix moins élevée, parlant de choses banales, et les groupes qui les observaient en déduisirent que toutes les hypothèses étaient vraies.

Marie, quand elle quitta la galerie pour regagner son carrosse, fut très entourée, mais sans qu'elle sût pourquoi ; ces attentions, cet empressement, toute cette fête qu'on lui faisait l'inquiéta et lui déplut.

Elle cherchait vainement le sens des paroles de la reine et se demandait ce qu'elle avait pu faire pour lui déplaire ; malgré elle, des craintes, des pressentiments l'agitaient.

Le lendemain, un messager de Mazarin lui apporta une lettre dans laquelle le ministre lui disait qu'il la viendrait voir dans la journée, et, en effet, le soleil allait disparaître lorsque Mazarin se fit annoncer.

Comme la veille, Mazarin n'eut que des paroles affectueuses ; toutefois, un observateur eût sans doute remarqué que le timbre de sa voix était plus doux, ses gestes plus caressants, enfin que le cardinal, après avoir joué un rôle, s'identifiait avec son personnage.

Il demeura une heure environ, de telle façon que sa présence fût bien constatée, puis il se retira.

Les jours suivants virent même manège, si bien que Marie prit l'habitude des visites du ministre et qu'à la ville et à la cour personne n'ignora plus que le cardinal vînt quotidiennement chez la marquise. — On ne parla plus que de cela.

En passant de bouche en bouche, les détails grossissaient. Au fond il n'était plus personne qui mît en doute la liaison de Mazarin et de Marie.

Il y avait précisément à quelques jours de là, au Louvre, réception de l'ambassadeur de la République de Venise.

La marquise de Buzançay, obligée par ses fonctions auprès de la reine, ne pouvait se dispenser d'y paraître.

Bientôt la reine la fit mander.

Lorsqu'elle entra dans le cabinet où l'attendait Anne d'Autriche, celle-ci tressaillit de tout son corps; ses lèvres, fines et minces, blêmirent, et elle hésita pour savoir, bien qu'elle s'y fût préparée, comment elle allait accueillir celle qu'elle avait mandée.

Enfin elle prit son parti :

« Madame la marquise, dit-elle, lorsque vous êtes arrivée à Paris et que vous m'avez été présentée par la duchesse, votre tante, je vous ai accueillie de grand cœur.

— Votre Majesté a été bonne pour moi...

— Vous le reconnaissez, et cependant vous avez depuis paru prendre à tâche de m'en faire repentir. »

Marie devint toute tremblante.

« Mon Dieu ! madame, je ne sais comment j'ai pu...

— Faites trêve à vos dénégations. Vous prêtant à une intrigue ourdie par votre tante, vous avez accepté pour époux le marquis de Buzançay. Vous n'ignoriez pas quel acte d'infamie il avait accepté.

— Moi ? madame !...

— Ne niez pas — personne n'ignore, et j'ai pu le constater moi-même, quels soins touchants vous rend le ministre; il est de notoriété à la cour que, chaque jour, il vous fait visite et demeure auprès de vous de longues heures.

— Si Votre Majesté...

— Pouvez-vous nier que, femme sans mari, vous êtes la maîtresse du cardinal ? » continua la Reine.

Marie eut une exclamation de douleur.

« Oh ! madame !...

— Mais avouez donc ! s'écria violemment Anne d'Autriche en saisissant le poignet gauche de Marie, mais avouez donc ! Avouez ! »

Marie, muette de saisissement, demeurait hébétée.

« Voyons, reprit au bout d'un instant la Reine qui avait reconquis un peu de calme ; voyons, nierez-vous que vous aimez le Cardinal ? »

Marie devint pâle comme une morte.

« Mais parlez ! parlez ! dites-moi donc qu'il vous aime, vous !

— Mon Dieu ! Madame, je ne sais pourquoi Votre Majesté me torture ainsi. Jamais le Cardinal ne m'a dit un mot de son amour ou de son indifférence pour ma souveraine, et je ne croyais pas que ce fût une loi du cœur que, vous aimant moins, paraît-il, il dût en aimer une autre, et que cette autre fût votre fidèle servante, Madame. »

La Reine, à ces mots qui exprimaient si bien ses craintes secrètes, ne put contenir une exclamation de douleur.

« Vous aussi, vous êtes-vous donc aperçue qu'il m'aimât moins ? »

Puis passant brutalement de l'abattement à l'exaspération de la colère :

« Misérable ! dit-elle en menaçant Marie, je ne

sais qui me retient de te briser comme je brise ce vase, toi, l'auteur ou la complice de tous les maux que j'endure ! »

Et d'un geste violent elle jeta à terre un superbe vase de Chine qui se brisa en mille morceaux sur le plancher.

Puis, par une réaction commune, sa poitrine se souleva et elle se prit à sangloter.

La marquise rompit le silence :

« Je suis innocente, Madame, de tout ce dont vous m'accusez. J'aimais...

— Qui ? interrompit Anne d'Autriche se levant comme mue par un ressort.

— J'aimais, reprit Marie, un jeune gentilhomme de la Franche-Comté. Un jour, ma tante m'amena à Paris ; Raoul de Nangeac disparut. On m'apprit qu'il était mort ! et on fit tant que j'épousai M. de Buzançay. Depuis, seule, abandonnée, je ne croyais pas avoir mal fait en acceptant les conseils de Son Éminence : c'était la seule personne qui me parût prendre intérêt à mon malheur. Et enfin je dois vous rappeler, Madame, que c'est vous qui, alors que j'avais cru devoir m'éloigner du Cardinal, avez daigné, dans ce cabinet même, me dire qu'il vous plaisait qu'il n'en fût rien. Votre Majesté m'accuse, mais je suis innocente de tout ; je suis innocente, Madame ! »

Anne d'Autriche, pendant que parlait ainsi celle qu'elle persistait à prendre pour sa rivale, était redevenue maîtresse d'elle-même.

Elle se leva, fit lentement quelques pas, puis s'arrêtant près d'une table, elle frappa sur un timbre : une des dames de service accourut.

« Aussitôt que Son Éminence entrera au Louvre, qu'on la prévienne que je l'attends. »

Puis se tournant vers Marie, pâle et immobile comme une statue :

« Allez où vous appellent les devoirs de votre charge, madame la marquise ! »

La jeune femme s'inclina et sortit lentement.

Anne d'Autriche demeura seule et s'abîma dans une profonde méditation, d'où elle ne fut tirée que par la voix de l'huissier annonçant le Cardinal.

« Votre Majesté a daigné faire appeler son serviteur très humble, dit-il.

— Monsieur le Cardinal, je pourrais vous faire des reproches... »

Mazarin, dès ces premiers mots, attacha sur la Reine son regard perçant qui semblait lire au plus profond des âmes. Il vit qu'il avait ville gagnée et que la Reine en était arrivée au point où il avait voulu l'amener.

Sa décision fut prompte.

Entre Marie, ce jouet qu'il avait pris pour s'en servir au profit de ses intérêts politiques, dont il avait usé tout d'abord, puis pour laquelle il avait finalement été saisi d'un caprice passager, et Anne d'Autriche, reine de France et de Navarre, qui devait, par une secrète alliance, assurer son autorité, il ne pouvait y avoir hésitation.

Il n'hésita point et, aussitôt, découvrant un à un tous les trésors de son merveilleux génie, jouant avec la femme qu'il sentait domptée, soumise, vaincue au gré de son astucieuse habileté, il reprit, point par point, tous les faits accomplis récemment, fit clairement ressortir la nécessité pour la Reine de s'appuyer sur lui, la convainquit

pleinement; puis, ce résultat obtenu, il parla de
son amour profond, sincère; il rappela à Anne
d'Autriche qu'elle l'avait dédaigné, lui brisant le
cœur et le décourageant; enfin il lui prouva que
si elle voulait dominer toutes les factions nées de
la minorité du Roi, il lui fallait s'allier à lui d'une
façon irrévocable, par un mariage de conscience
que lui permettait de contracter la cour de Rome.

Et, s'agenouillant devant sa royale maîtresse,
il se fit si tendre, si aimant, si plein de passion,
que la Reine consentit à tout, s'engagea à tout.

Alors un nuage vint obscurcir son ciel radieux:

« Et elle?

— Qui donc?

— La marquise! Je ne veux plus la voir; je
veux qu'elle quitte le Louvre, je veux qu'elle dis-
paraisse!

— En vérité, madame, encore que cette jeune
femme ne doive vous inquiéter en rien, qu'il soit
fait selon votre désir! Seulement je vous prierai
de me permettre de ne pas assister....

— Il faut et je veux que vous soyez présent. »

Mazarin comprit que résister davantage serait
une maladresse.

Que lui importait Marie, après tout?

« J'aurais mauvaise grâce à ne pas accéder au
désir de ma souveraine, dit-il. J'espère qu'elle
m'en saura gré et qu'en échange elle voudra bien
m'autoriser à lui demander la clef des jardins de
l'Infante, qu'elle avait daigné me confier autrefois?»

Anne d'Autriche sourit et, allant à un meuble,
elle tira d'un tiroir une clef dorée qu'elle remit au
Cardinal, qui saisit sa main et la couvrit de baisers.

La Reine frappa alors sur son timbre : le chambellan de service parut.

Sur un geste, il souleva la portière, frappa trois fois sur la boiserie, et cria :

« La Reine, messieurs ! »

Anne d'Autriche n'avait jamais été plus affable, plus gaie. Elle eut pour tous un mot ou un sourire.

Le cérémonial usité lorsqu'il s'agissait de la réception d'un ambassadeur suivit son cours.

L'envoyé de Venise affirma les sympathies de la République pour la France ; la Reine répondit en lui souhaitant la bienvenue et en l'assurant de son grand désir de voir les relations des deux pays devenir de plus en plus amicales, et, après le départ de l'ambassadeur, la soirée se continua plus intime ou, pour mieux dire, moins officielle.

La Reine était demeurée assise sur le trône, ayant à sa droite Mazarin, le comte d'Avaux, son ministre des finances, tandis qu'à sa gauche ou groupés derrière elle, se tenaient debout les plus grandes dames et les plus grands seigneurs. Elle causait gaiement avec la princesse de Soubise, lorsque tout à coup elle s'interrompit :

« N'est-ce pas Mme de Buzançay que j'aperçois là-bas ? dit-elle.

— Votre Majesté ne se trompe pas.

— En vérité, voilà qui est fort ! et s'adressant à son capitaine des gardes :

— Monsieur de Marignac, veuillez dire à la marquise de Buzançay que nous voulons lui parler.

Chacun se regarda, prévoyant que quelque chose de grave allait se passer. Les conversations s'interrompirent et ce fut au milieu d'un silence vraiment effrayant que la pauvre Marie se dirigea vers le milieu de la galerie.

La Reine la regardait venir avec la joie intense d'une vengeance qui va être satisfaite.

Lorsque Marie fut arrivée à quelques pas du trône, elle fit une profonde révérence et attendit que Sa Majesté parlât :

« Madame la marquise, dit alors Anne d'Autriche dont les paroles s'entendirent d'un bout à l'autre du salon, il nous est revenu que votre conduite n'était pas celle que nous voulons exiger des personnes que nous nous attachons. »

Après ce début qui promettait et qui foudroya littéralement Marie, on eût entendu une mouche voler.

Anne d'Autriche promena autour d'elle son regard hautain, puis elle continua :

— Nous regrettons qu'en souvenir des services rendus à la Maison de France par votre famille, nous ayons cru devoir vous pourvoir d'une charge à la Cour, et nous vous déchargeons, dès ce moment, des soins et des devoirs qui vous incombaient. »

Marie était défaillante ; la Reine reprit :

« Nous vous dispensons aussi de paraître désormais en notre présence ; puis elle ajouta : Madame la grande maîtresse de nos dames d'honneur, veuillez donner les ordres nécessaires pour que Mme la marquise soit conduite à l'hôtel de Candole... »

Mazarin était demeuré impassible.

Inconsciente, presque évanouie, la gorge sèche, les dents claquant de terreur, à demi folle, la pauvre jeune femme traversa alors la foule mobile qui s'écarta devant elle, et trouva au bas du grand escalier un des carrosses de service que la surintendante avait fait avancer.

La jeune femme s'y précipita en pleurant. Le cocher toucha ses chevaux, mais au coin de la rue des Petits-Champs et de la rue Coq-Héron, des hommes masqués se précipitèrent aux brides, renversèrent cocher et valet, les laissèrent tout étourdis sur le sol tandis que deux d'entre eux prenaient leur place et que deux autres montaient dans le carrosse où était blottie Marie à demi morte de frayeur.

Alors les chevaux, vigoureusement stimulés, partirent au galop.

CHAPITRE XII

TIENS ! VOILA MATHIEU !

Tandis que se passaient à Paris les événements que nous venons de raconter, Raoul de Nangeac, suivi du fidèle Coquelicot, gagnait la route d'Audenarde où le maréchal marquis de La Fère avait établi ses quartiers et un camp retranché ; c'est-là qu'était la réserve de l'armée qui opérait en ce moment dans les Flandres, vers Mons, Namur, Anvers ; là aussi qu'était la compagnie en formation des gardes du Cardinal dont le comte devait prendre le commandement, avec des lettres de commission que Mazarin lui avait fait parvenir à Arras par un courrier.

D'Arras à Lille, aucun incident remarquable n'était venu apporter un peu de variété à la monotonie de ce voyage fait à grandes journées ; nulle part nos cavaliers n'avaient eu des nouvelles de Buzançay, qui semblait définitivement disparu.

Enfin Raoul atteignit Courtray ; il entra dans

une hôtellerie, *Au gai Bacchus*, joyeuse comme son enseigne ; après un bon repas, il monta se coucher.

— Va dormir, dit-il auparavant à Coquelicot, repose-toi, et demain viens m'éveiller dès que le coq chantera ; nous partirons pour Audenarde où j'ai hâte d'arriver.

Coquelicot promit d'être exact, mais dès que son maître fut monté dans sa chambre il s'amusa à lutiner les servantes ; en galant cavalier qu'il était, il eut bien vite fait la conquête de l'une d'elles ; ce que voyant, un personnage qui semblait dormir dans un coin de la salle, sortit de sa torpeur.

« Holà ! dit-il, qui que vous soyez, gentilhomme ou manant, je vous défends de faire les yeux doux à Martine !

— Holà ! répondit poliment Coquelicot, manant ou gentilhomme, je vous défends de me faire cette défense.

— Il faudra donc que je vous empêche à jamais de faire la cour aux demoiselles !

— Vous pouvez essayer, pécaïre ! Le fils de mon père n'a peur de personne ! »

Il s'avança alors d'un pas délibéré vers Martine qui, dans un joli rire, entre ses lèvres ouvertes, montrait deux rangées de perles, et lui prit la taille : le faux dormeur se leva, marcha sur Coquelicot et lui saisit le bras ; sans lâcher Martine, Coquelicot repoussa son adversaire et tira son épée.

L'hôte s'interposa :

« Deux gentilshommes, exclama-t-il, se battre

ainsi pour une maritorne ! y songez-vous, messeigneurs, et que diraient vos ancêtres ?

— Capédiou ! interrompit Coquelicot, ils ne
diraient rien, puisqu'ils sont morts !

— N'empêche que vous faites du bruit chez
moi, et que vous avez tort ; c'est ici une maison
honnête, où l'on boit, où l'on rit, où l'on dit des
bêtises, mais ce n'est pas un champ de bataille.
Si vous voulez en découdre, allez dehors.

— Soit ! dit l'inconnu.

— Mais, reprit l'hôte, ne sauriez-vous vous
arranger autrement ? Entre deux hommes d'honneur, n'est-il pas quelque moyen de se mettre
d'accord ? »

Et tout en parlant il riait, comme Martine,
comme les autre servantes.

« Tenez, messieurs, que ne jouez-vous le
trésor disputé ?

— Jouer ! »

Coquelicot rengaîna sa rapière et interrogea
l'inconnu du regard :

« Je veux bien, dit celui-ci. Au surplus, j'ai
affaire demain, et si par hasard vous me tuiez,
j'en serai fort contrarié.

— Jouons donc, » fit Coquelicot.

Tous deux s'attablèrent ; l'hôte leur versa à
boire et la partie commença : Coquelicot se servait de ses dés, des dés qu'il avait toujours dans
sa poche ; il gagna.

« A vous la fille ! » murmura tristement le per-
dant.

Coquelicot triomphait ; au moment où il s'avançait vers Martine, un grand gaillard bien décou-
plé entrait :

« Mon mari ! » dit la servante, et elle sauta au cou du nouveau venu.

Ce fut un éclat de rire dans la salle : le valet de Raoul vint s'asseoir, l'oreille basse, en face de son adversaire. Tous deux avaient l'air fort piteux.

« Ma foi, exclama Coquelicot, on s'est moqué de nous ! Buvons, mon ami, cela nous consolera !

— Soit. Mais alors, jouons du vin. »

A quatre heures du matin, ivres comme deux Polonais, nos deux joueurs, après s'être réciproquement gagné tour à tour, chacun avec ses dés, flacon sur flacon, cruche sur pot, se décidèrent à s'aller coucher.

Bras dessus, bras dessous, ils tentèrent de gagner l'écurie, mais ils culbutèrent dans l'escalier de la cour ; le soleil, en se levant, put contempler, étendus de leur long, la tête sur des cailloux, les pieds dans la mare aux canards, deux corps humains d'où s'échappaient des ronflements sonores comme des roulements d'orgue.

Le coq chanta : Raoul, habitué à se lever tôt, sortit de sa couche, se vêtit et descendit dans la salle commune : l'hôte y arrivait en même temps que lui, encore à moitié endormi.

« Vous voilà bien matinal, monsieur le comte, dit celui-ci.

— Je suis pressé ; il faut que je parte immédiatement. Mon valet devait m'éveiller, et je ne le vois point.

— Votre valet ! Il doit s'être mis tard au lit ; je l'ai laissé vers minuit avec un gentilhomme de son espèce et des chandelles neuves ; elles sont toutes brûlées.

— Où est-il ?

— A l'écurie. »

En descendant dans la cour nos deux interlocuteurs aperçurent Coquelicot et son ami qui s'étiraient :

« Capédiou ! j'ai les pieds froids, disait Coquelicot, et il éternua.

— Dieu vous bénisse ! répondit l'autre ; puis, se retournant, il vit Raoul ; alors, avec stupéfaction, il ajouta :

« Monsieur de Nangeac !

— Vous me connaissez ? demanda celui-ci.

— Je suis Florent, le valet de Mme Nina.

— Ah ! comment, c'est vous, Florent ? comment êtes-vous ici, mon ami ?

— Je vais retrouver Mme Nina.

— Où cela ?

— Au camp.

— A Audenarde ?

— A Audenarde. Elle croyait y rencontrer M. le comte. Dès qu'elle a su que vous veniez ici, elle a fait mander un carrosse et est partie ; elle a triplé, quadruplé les postes ; elle doit être à Audenarde depuis deux jours.

— Et vous ?

— Moi ? je la rejoins avec ses bagages, ses robes, et deux de ses gens, car dans sa précipitation elle n'a emmené personne ni emporté quoi que ce soit.

— Mais comment a-t-elle été avertie de mon départ !

— Ne vous voyant pas rentrer, elle a envoyé à l'auberge *A l'Image Notre-Dame* ; là on a raconté que vous étiez revenu chercher votre cheval et que vous étiez parti au grand galop en disant que vous alliez dans les Flandres, au camp de la Fère.

— Eh bien ! mon garçon, c'est exact. Nous y allons. »

Puis il fit quelques reproches à Coquelicot, l'envoya se nettoyer de la boue qu'il avait accumulée sur lui pendant son sommeil ; enfin, les chevaux étant sellés, il quitta l'hôtellerie sans attendre Florent, qui ne devait venir que plus tard.

Il était environ sept heures du matin lorsque Raoul et Coquelicot, chevauchant doucement, arrivèrent au hameau de Saint-Bruin, à mi-chemin de Courtray à Audenarde ; Raoul s'y voulait arrêter pour déjeuner, lorsqu'à sa grande surprise il vit l'étendard espagnol flotter sur des maisons :

« La route est barrée par ici, dit-il à Coquelicot, il faut en trouver une autre. Voici un sentier à droite qui fera bien notre affaire. »

Ils s'engagèrent dans le sentier qui menait à un petit bois ; mais dans le petit bois ils aperçurent un campement d'Impériaux et durent rebrousser chemin ; la situation se compliquait : ils ne pouvaient passer ni dans Saint-Bruin, ni au-dessous, et ils avaient encore plus de six lieues à faire pour gagner Audenarde.

Il y avait une petite route au-dessus de Saint-Bruin et celle-là semblait être libre ; Coquelicot fit remarquer que si les Espagnols tenaient le sud du village, ils devaient à plus forte raison tenir le nord ; il proposa de rebrousser chemin, d'avertir Florent et les autres valets du danger qui menaçait, puis de redescendre sur la route d'Arras pour aller par des détours gagner le camp.

« Mais, objecta Raoul, il nous faut aller presque jusqu'à Roubaix ; ce serait soixante lieues à faire, car les Espagnols qui sont là sont aussi au-dessous d'Audenarde ; c'est, tu le vois, un mouvement tournant qu'ils essayent autour du quartier général, tandis qu'on les croit occupés à Namur, à Anvers ou ailleurs. Remontons cependant jusqu'à Courtray ; nous prendrons conseil des gens qui connaissent les chemins. »

Ils reprirent tristement la route de Courtray, mais à une lieue de là, ils trouvèrent Florent à cheval, suivi d'un carrosse chargé de paquets et conduit par deux valets à la livrée de Nina.

Raoul cria à Florent :

« N'allez pas plus loin. Les Espagnols sont à Saint-Bruin.

— Ah ! que nous font les Espagnols, monseigneur ? répondit Florent.

— Nous ne sommes pas en force pour traverser leur camp.

— Aussi n'est-ce pas de force que nous passerons. Tenez, ajouta-t-il, en tendant à Raoul un parchemin. Madame a des amis partout. »

Raoul prit le parchemin et lut :

« Au nom de l'Empereur, laissez circuler librement à travers les lignes espagnoles l'intendant de la dame Nina, ses gens et ses bagages. Fait à Landeck (recommandé).

Signé : Le général en chef, SANTA-VILLA.

« Bien, reprit Raoul, voilà qui vous permet de passer, mais nous ?

— Vous ? venez avec nous. Vous êtes l'intendant, Coquelicot et nous sommes les gens de la dame Nina, laquelle a eu pour le maréchal des bontés que celui-ci n'a pas oubliées. Et pour mieux vous mettre en votre rôle, je vais vous donner un superbe justaucorps bleu et argent, aux couleurs de madame, un justaucorps que je ne devais porter que les jours de cérémonie, et vous pourrez circuler en toute liberté.

— Une livrée ? moi, un gentilhomme !

— Non, pas une livrée ; des couleurs seulement ! Combien de chevaliers ont porté les couleurs de leur dame ! Tenez, voyez plutôt. »

Raoul examina le vêtement et n'hésita plus ; c'était un beau pourpoint de satin bleu de ciel avec des aiguillettes d'argent ; il l'endossa, se couvrit d'un manteau de drap gris et attacha son épée à une écharpe de soie blanche ; il était fort gracieux ainsi, et semblait partir pour la guerre en costume de bal.

« Et moi ? demanda alors Coquelicot inquiet.

— Toi, mon ami ? voilà pour toi. »

Et Florent tira d'une caisse une souquenille de drap bleu foncé aux chiffres de Nina et aux galons d'argent, que Coquelicot s'empressa de revêtir, après avoir quitté sa rapière que l'on cacha dans le carrosse.

La troupe ainsi préparée se mit en marche.

A Saint-Bruin, Florent prit les devants et annonça l'intendant de Mᵐᵉ Nina et les gens de la maison : Raoul n'eut ensuite qu'à montrer le parchemin, les sentinelles s'inclinèrent ; les soldats espagnols et les officiers vinrent même regarder passer cet équipage et admirèrent les belles façons de l'intendant.

« Ah ! monsieur, lui disait pendant ce temps Coquelicot à voix basse, ne trouvez-vous pas qu'il serait agréable de charger toute cette canaille.

— Hélas ! répondait Raoul en froissant dans sa main la garde de son épée. »

Vraiment il était très gêné du rôle qu'il jouait ce stratagème lui répugnait ; en somme, il usait d'un mensonge et cela contrariait sa nature loyale.

Ils passèrent ainsi devant quelques centaines d'hommes ; à vue de nez, Coquelicot estima que ce campement de Saint-Bruin devait contenir six mille soldats.

« Nous les retrouverons », dit Raoul.

Ils firent ainsi quatre lieues sans être inquiétés, rencontrant de-ci de-là des groupes de partisans ou des patrouilles régulières ; bientôt ils arrivèrent à deux lieues du camp d'Audenarde.

« Ce vêtement me pèse, dit Raoul. Les étendards de la France éclatent là-bas au soleil ; laissez-moi reprendre mon costume de soldat. »

Et il revêtit aussitôt son justaucorps de peau de buffle et son ceinturon de cuir à broderie d'or.

« Je renais », fit-il encore.

Coquelicot l'avait imité et avait repris sa rapière ; comme ils arrivaient au haut d'un monticule, Raoul aperçut en face de lui, au loin, le camp français et sur sa gauche une redoute qui semblait abandonnée. Il regarda : des groupes de cinq ou six Espagnols, passant à travers les taillis, se cachant, marchant presque à quatre pattes, se dirigeaient vers cette redoute et y entraient. Une dizaine de ces détachements pénétrèrent ainsi et s'emparèrent de la position, sans que personne au camp français parût y prendre garde.

Raoul, continuant son observation, vit ensuite amener deux pièces d'artillerie dans l'endroit, avec les mêmes précautions.

« Ah çà ! dit-il, on dort donc là-bas, au camp français ! Ils ne sont donc jamais sur leurs gardes ces gens-là ! Si les Espagnols savent profiter de la position, ils peuvent bombarder le camp... Que font donc les nôtres ? »

Comme pour lui répondre, un homme qui venait évidemment du quartier général, déboucha de derrière un talus, puis à quelques pas un autre homme.

Le premier était tout de noir vêtu et marchait lentement ; il lisait un livre avec une profonde attention ; le second avait plutôt l'air d'un valet, avec un habit galonné ; celui-là mâchait une baguette et s'en allait le nez au vent : tous deux se dirigeaient vers la redoute.

« Mais ils ne savent pas que les Espagnols sont là... ils sont fous, ils vont se faire massacrer ! exclama Raoul.

— Monsieur le comte, lui dit Florent, tout cela ne me regarde pas, je vais au camp.

— Allez, mon ami, Coquelicot et moi nous allons rester à voir la fin de l'aventure... Tenez ! nous sommes si près, emmenez nos chevaux, ils ne nous serviraient de rien. Nous reviendrons à pied... Ah ! dites aussi que je vais reprendre cette redoute aux Espagnols et qu'on fera bien de nous envoyer du renfort.

— Hein ? prendre cette redoute ? mais...

Raoul avait le plus vif désir de mourir; il affirmait qu'il allait prendre la redoute; au fond il songeait : « si je ne suis pas tué, toutefois. »

« Pas d'observations, je vous prie. Au nom de votre maîtresse, exécutez ce que je vous demande.

— Soit, répondit Florent, puis, après avoir serré la main à Coquelicot, il partit au galop suivi de l'équipage qui menait grand train.

— Eh bien, demanda alors Raoul à Coquelicot, monsieur le spadassin, monsieur le reître, croyez-vous que l'on va s'amuser?

— Sans doute, monsieur le comte, répondit Coquelicot avec admiration, mais ne trouvez-vous pas... »

Le bruit d'une détonation lui coupa la parole; le coup de fusil était parti de la redoute, dans la direction du gentilhomme vêtu de noir et de son valet, à en juger par le bond de côté que celui-ci avait fait.

Le gentilhomme vêtu de noir leva le nez, regarda vers le rempart de terre, ôta son chapeau, salua poliment, et se replongea dans sa lecture.

« Sainte-Marie, voilà un brave soldat ! » s'écria Raoul.

Un second coup partit; cette fois, le gentilhomme qui n'était plus qu'à une soixantaine de mètres du point occupé par les Espagnols, ferma son livre, le remit dans sa poche et regarda devant lui; pendant ce temps, le valet s'amusait à ramasser les cailloux. Enfin, le gentilhomme vêtu de noir tira son épée et du même pas tranquille se dirigea vers la redoute : son valet le suivait, faisant tournoyer son bâton; avec une adresse remarquable, il s'en servait comme d'une fronde, projetant des pierres jusque dans l'ouvrage de défense. La fusillade commença.

« Pour la Reine et pour la France! » exclama Raoul, et, Coquelicot le suivant, tous deux l'épée nue, se mirent à courir dans la direction de la redoute. Lorsqu'ils y arrivèrent, le gentilhomme et son valet y étaient déjà ; on entendait des cliquetis de fer, des cris de blessés.

Raoul se précipita de l'autre côté, renversa deux ou trois soldats, tandis que Coquelicot en éventrait un de sa rapière, et fendait la tête d'un autre, puis d'une voix de commandement il cria :

« Tenez ferme, mon gentilhomme, nous voici! La redoute est à nous ! à moi, messieurs les gardes royaux !»

Les Espagnols, entendant cette voix, apercevant les deux furieux qui grimpaient par une embrasure, crurent que toute l'armée française les cernait ; Raoul administra encore quelques bons coups d'épée, et cloua le chef qui commandait l'ennemi contre le rempart ; les Espagnols, surpris, sans ordre, sans direction, s'imaginèrent qu'ils étaient perdus ; ils demandèrent merci : Raoul, en bon prince, leur ordonna de jeter leurs armes, leur donna la vie et les déclara ses prisonniers.

Les soldats jetèrent leurs armes ; alors, un à un ils passèrent devant Raoul et Coquelicot, qui leur attachèrent les mains avec leurs écharpes ou leurs ceinturons ; ensuite ils les lièrent quatre par quatre.

Pendant ce temps le gentilhomme noir et son valet exécutaient la même opération sur ceux des ennemis qui étaient le plus près d'eux. Lorsque tous les soldats furent attachés, hors d'état de combattre ou de fuir, Raoul se dirigea vers le gentilhomme ; quatre exclamations s'échappèrent de quatre poitrines :

« Raoul de Nangeac ! Vivant !

— Mathieu de Léris ! Vivant !

— Coquelicot !

— Brin d'Amour ! »

Ces deux derniers même se précipitèrent l'un sur l'autre avec une hostilité manifeste ; Raoul s'interposa.

Alors Mathieu l'embrassa avec des transports de joie, au grand étonnement des Espagnols qui ne voyaient toujours pas arriver l'armée.

Après les premières effusions, Raoul dit à Mathieu :

« Je suis heureux, ami, de te retrouver en bonne santé : nous causerons au camp, pour le moment le plus pressé est d'amener nos prisonniers, et comme les canons ne sont pas dételés, nous allons les emmener aussi. Qu'en penses-tu ?

— Parfaitement, mon cher de Nangeac. Brin d'Amour va prendre la direction d'une pièce, Coquelicot de l'autre ; pour nous faisons ranger ces hommes et, un pistolet de chaque main, nous allons les mener au maréchal de la Fère ou leur casser la tête. »

Nos deux gentilshommes ramassèrent alors des pistolets dont ils vérifièrent les amorces, puis ils entraînèrent au dehors la première pièce de canon : elle était chargée.

— Bien, dit Raoul, nous allons mettre les prisonniers derrière », et à haute voix il cria : « Coquelicot, allume une mèche : si les Espagnols font mine de se révolter, tu mettras le feu à la poudre ! »

Après quoi il fit sortir les soldats, attachés, les mit en rang, se plaça à droite du peloton, et Mathieu à la gauche; Brin d'Amour fermait la marche avec la seconde pièce d'artillerie.

Nos deux héros emmenaient ainsi trente-cinq hommes et laissaient à terre une quinzaine de blessés et des morts.

Lorsque les Espagnols furent hors de la redoute, ils se regardèrent avec désespoir; ils comprirent qu'ils s'étaient rendus à quatre hommes, dont un, Brin d'Amour, armé seulement d'un bâton : il est vrai que c'était la branche de cornouiller qui lui venait de son oncle maternel, et qu'il s'en servait pour frapper comme un sourd.

Quoique liés quatre par quatre, ils commencèrent un mouvement de recul, et manifestèrent l'intention de s'enfuir :

« Coquelicot, cria Raoul, la mèche ! » et il tira un coup de pistolet dans la tête de l'Espagnol qui était le plus rapproché de lui.

Coquelicot n'eut pas besoin de mettre le feu aux poudres; les prisonniers avaient vu son mouvement, et, très touchés par l'exemple que venait de leur donner Raoul, ils se mirent en route en criant encore : « Merci! grâce! » D'un geste, Raoul ordonna à Coquelicot de marcher sans faire feu, et la colonne partit sans plus de résistance.

A trente mètres du camp, nos amis virent venir à eux une troupe de soldats qui sans doute étaient envoyés comme renfort. Mathieu cria au lieutenant qui les commandait :

« C'est inutile, monsieur : le comte Raoul de Nangeac, votre serviteur et deux valets, nous vous amenons toute la garnison !

— Et leur artillerie », ajouta en riant Raoul.

Le lieutenant salua courtoisement :

« Passez, messieurs, le général en chef est dans sa tente, il sera heureux de vous recevoir; pour nous, nous allons occuper la redoute.

— Il y a quelques blessés, une quinzaine !

— Une quinzaine ? ah ! messieurs, c'est magnifique ! nous les soignerons ! mais nous avons ordre de nous emparer de la redoute, — cela, c'est fait, — de la conserver, et d'organiser des battues dans les environs. Permettez-nous d'accomplir notre devoir.

— Faites, messieurs ! »

Les deux troupes se saluèrent, et la colonne de Raoul pénétra dans le camp. Mathieu offrit à Raoul de le mener devant la tente du maréchal de la Fère. Raoul accepta.

De toutes les allées du camp, des tentes, des cantines, les soldats, les officiers sortaient, rendant les honneurs à ces quatre braves qui avaient accompli un tel fait d'armes.

Le maréchal était prévenu; il attendait, devant son quartier, entouré de ses officiers généraux : lorsque la troupe arriva, il se découvrit avec le plus profond respect. Mathieu prit la parole :

« Ce gentilhomme et moi, dit-il, nous avons trouvé ces soldats dans une redoute où ils étaient occupés à disposer ces canons; nous avons cru devoir être agréables à Votre Seigneurie en vous les amenant.

— Je sais, répondit le maréchal, monsieur de

Léris que vous êtes un héros, et voici la plus belle action qui ait été accomplie pendant la campagne.

— J'y ai été pour bien peu de chose, monsieur le maréchal ; je lisais tranquillement les *Odes* d'Horace, suivi de mon valet qui s'amusait à lancer des pierres avec son bâton, lorsque les Espagnols nous tirèrent dessus ; j'entrai dans la redoute, pour voir. Nous étions perdus ; deux contre cinquante, nous ne pouvions tenir que quelques instants. C'est alors que monsieur entra d'un autre côté, en criant comme un diable, et en jouant de son épée d'une façon fort habile ; les Espagnols crurent qu'il amenait une armée ; nous en tuâmes ou blessâmes quelques-uns, et ils se rendirent à discrétion. Quant aux pièces de canon, nos valets les ont prises, tout attelées, et amenées comme vous voyez.

— Combien y a-t-il de prisonniers ?

— Trente-quatre, monseigneur. Il y en avait trente-cinq, mais mon ami a jugé à propos d'en tuer un qui avait l'air de se refuser à nous suivre.

— C'est fort beau tout cela, messieurs. Qui êtes-vous, monsieur ? demanda ensuite le maréchal à Raoul.

— Le comte Raoul de Nangeac.

— Je vous attendais, monsieur, un courrier du Cardinal m'avait annoncé votre arrivée ; je n'espérais point que vous l'eussiez faite aussi brillante ! Les soldats de votre compagnie seront fiers de servir sous vos ordres. Monsieur de Léris, que puis-je faire pour vous ?

— Permettez-moi, monsieur le maréchal, de combattre aux côtés du comte ; en me faisant son lieutenant, vous m'obligerez.

— Vous avez déjà le grade de lieutenant, monsieur; ce n'est pas un avancement.

— Pardon, monseigneur, c'est un avancement que de servir un tel capitaine et un ami !

— Vous avez raison, monsieur, et je vous autorise à changer de corps: après la campagne, je chercherai le moyen de vous récompenser ainsi que M. le comte de Nangeac de vos services.

— Une seule récompense pourrait me flatter, monsieur le maréchal, dit alors Raoul, c'est qu'en signe de bienvenue et de bon augure dans la campagne que je commence, vous me donniez l'accolade. »

Le maréchal sourit, embrassa Raoul et Mathieu avec effusion, puis, reprenant son air sévère :

« Regagnez vos logements, messieurs, dit-il; mes hommes emmèneront les prisonniers. »

Sans plus de cérémonie, il leur tourna le dos et rentra dans sa tente.

CHAPITRE XIII

LES INFIDÉLITÉS DU COMTE DE NANGEAC

Lorsqu'ils eurent salué le maréchal, nos deux amis se retirèrent dans la tente de Mathieu, que Raoul acceptait de partager avec son lieutenant; longtemps ils causèrent, se racontant réciproquement les événements que nous connaissons; après quoi, ils soupèrent et s'endormirent, en rêvant de combats et de victoires.

Auparavant, ils avaient changé de serviteurs ; Brin d'Amour reprenait ses fonctions auprès du comte de Nangeac : Coquelicot acceptait d'être le valet de M. de Léris.

Le lendemain matin, le maréchal fit mander nos héros et présenta Raoul à sa compagnie; le comte fut longuement acclamé pour son exploit de la veille : les officiers jurèrent de lui obéir en tout et vinrent séparément l'assurer de leur pro-

fond dévouement et de leur zèle. Bref, tout se
passa dans les règles.

Le maréchal ensuite interrogea Raoul sur son
voyage, sur son passage à Saint-Bruin au travers
des lignes ennemies :

« Je ne devrais pas abuser de la connaissance
du plan de campagne des Espagnols que j'ai surpris par fraude, dit Raoul ; mais c'est pour mon
pays et pour la Reine ; si je ne parle pas l'armée
est perdue ! »

Il expliqua alors la présence des Espagnols à
Saint-Bruin, leur mouvement tournant autour du
camp français, comment ils étaient descendus
au-dessous du quartier général sur la route de
Roubaix.

« Et que pensez-vous qu'il faille que nous
fassions, monsieur le capitaine ? demanda le maréchal.

— Il faut, monseigneur, lancer une attaque sur
Saint-Bruin, s'emparer du campement espagnol,
diviser en deux l'armée ennemie, entourer le
tronçon qui est au-dessus. De cette façon le mouvement tournant sera évité et l'aile espagnole
coupée par nos troupes se rendra bientôt.

— Le plan est ingénieux ; je vais l'étudier et
chercher les moyens les plus sûrs de l'exécuter. »

Puis le maréchal envoya des hommes dévoués
examiner la position de l'ennemi ; il apprit que
leur mouvement était achevé, qu'ils se fortifiaient
et qu'ils ne comptaient donner l'attaque que la
semaine suivante, le mercredi ou le jeudi : il ordonna alors des mesures de précaution et se pré-
para à devancer les Espagnols, décidant qu'il
livrerait bataille le lundi. Raoul eût voulu com-

battre aussitôt ; mais le maréchal lui objecta qu'il n'avait entre les mains que de nouvelles recrues, peu de vieilles troupes, des compagnies mal formées, et que le courage des chefs ne saurait suppléer à l'insuffisance des soldats.

Raoul se rendit à ses raisons et, avec l'aide de Mathieu, se mit à exercer ses gardes ; il les emmenait parfois dans des escarmouches pour les aguerrir et leur enseignait les manœuvres : ses hommes avaient une telle confiance en lui qu'ils lui obéissaient merveilleusement et mettaient tout leur zèle à le satisfaire.

Le reste du temps qui n'était pas donné aux travaux du camp, Raoul le passait avec de Léris ; il l'entretenait de son amour, et c'étaient d'interminables causeries dans lesquelles Mathieu, le philosophe, essayait de consoler Raoul, le fou, et de l'abuser en s'abusant lui-même sur la véritable situation de Marie.

Pendant ce temps, Coquelicot et Brin d'Amour avaient fait la paix ; ils se promenaient ensemble comme une paire d'amis, jouant avec des dés pipés et buvant sec.

Le dimanche suivant, Coquelicot et Brin d'Amour étaient fortement intéressés à un combat de coqs dont on donnait le spectacle devant la tente du capitaine, lorsque leur attention fut attirée par des cris violents ; au loin, ils aperçurent un moine entraîné par les soldats.

« Menez-moi, hurlait-il, au capitaine de Nangeac ; il me connaît ! Ah ! Sainte Vierge ! Si c'est possible de respecter si peu un bon moine qui ne fait de mal à personne !

— C'est un espion ! répondait un soldat.

— Il faut le pendre, disait un autre.

— Menons-le au capitaine, commanda enfin un troisième qui paraissait diriger la troupe.

— Beaucormier ! » exclama Coquelicot.

C'était Beaucormier en effet qui avait été arrêté au moment où il pénétrait dans le camp ; Raoul, appelé, le fit relâcher et l'autorisa à rester avec Coquelicot.

« Comment es-tu ici ? demanda le reître.

— Ma femme m'a battu et m'a jeté dehors en m'appelant ivrogne !

— Ne pouvais-tu rester de force ?

— Hélas ! le troisième jour de mon arrivée est venu un gentilhomme armé d'une longue rapière, et il l'a aidée à me battre.

— Ne pouvais-tu rentrer ?

— Il m'a juré qu'il me transpercerait de part en part si j'avais le malheur de reparaître devant ses yeux.

— Et quand il a été parti ?

— Hélas ! *Sancta Maria, ora pro nobis !* Il n'est pas parti, bonnes gens !

— Et ta femme ?

— Elle l'embrassait tout le temps !... j'ai pensé qu'il valait mieux venir ici... Vrai, je m'ennuyais de toi, Coquelicot, mon petit cœur !

— Et moi de toi !... Tiens, tu arrives bien : c'est dimanche ; tu vas nous dire la messe.

— La messe ?... Tu fourniras le vin ?

— C'est convenu.

— Allons au cabaret... Une bonne table est un excellent autel pour officier, surtout lorsqu'elle est bien garnie. »

Et nos trois amis s'en allèrent à la cantine.

Le restant de la journée se passa en préparatifs : on avait fortifié le camp, distribué les
postes ; Raoul avait demandé à marcher en avant,
avec ses soldats, ce que le maréchal lui avait ac-
cordé.

Nous n'entrerons point ici dans le détail de ce
combat mémorable qui eut lieu le lendemain et dans
lequel Raoul se couvrit de gloire ; au soir, lorsque les Espagnols vaincus prirent la fuite ou se
rendirent à discrétion sur le champ de bataille,
le maréchal félicita le comte de Nangeac et le
chevalier de Léris ; grâce à l'habileté du plan
conçu par le comte et à l'activité, au courage, à
l'énergie déployés par lui et son lieutenant pour
le mener à bien, le camp français se trouvait dé-
livré et près de cinq mille prisonniers étaient
entre nos mains !

Ce fait d'armes, qui sauva en les dégageant les
réserves de l'armée de la Reine de France, a pris
le nom de combat d'Audenarde ou plutôt de
Saint-Bruin, pour le distinguer de la seconde
bataille d'Audenarde.

Les troupes rentraient dans leurs quartiers ;
Raoul, suivi de Léris et de leurs fidèles Brin
d'Amour, Coquelicot et Beaucormier, qui, entraîné par l'exemple, avait aussi fait merveille
dans la mêlée, en frappant à tour de bras d'un
épais cruchon de fer qu'il avait vidé auparavant,
Raoul, dis-je, regagnait tristement le campement ; il traversait un bouquet de bois et là encore, comme partout, il ne voyait que des morts
et des blessés ; malgré lui, il se sentait pris de
pitié pour ces pauvres diables ; il descendit de
cheval et se mit à panser les survivants.

La nuit venait peu à peu ; tout à leur charitable occupation, Raoul et les siens s'éloignaient du camp de plus en plus ; bientôt ils arrivèrent près des lignes espagnoles ; en un moment ils furent cernés ; tous les cinq, mettant l'épée à la main, fondirent sur l'ennemi ; mais celui-ci était en nombre : ils ne purent franchir le cercle qui les enveloppait en se resserrant : déjà Mathieu avait reçu une balle dans la main gauche et Beaucormier un coup de pique dans le bas des reins, dont il avait profité pour crier comme un sourd ; Raoul faisait le vide autour de lui, mais les balles de mousquet lui arrivaient de toutes parts et c'est par miracle qu'il n'était pas encore blessé. Ils n'avaient plus qu'à mourir ou à se rendre, lorsque, tout à coup, une voix de femme cria :

« Courage, Raoul, me voici ! »

Une dame, en costume de chasse, le pistolet d'une main, le sabre de l'autre, fendit le flot des Espagnols, suivie d'une dizaine de valets qui portaient des torches et jouaient de la rapière avec une furie qui fit reculer l'ennemi : ce mouvement inattendu donna un moment d'hésitation aux assaillants ; Raoul en profita, il forma les nouveaux venus en bataille et tous, bien montés sur leurs chevaux, attaquèrent à leur tour si violemment qu'ils firent reculer les Espagnols et qu'ils traversèrent leur ligne sans coup férir.

« Suivez-moi ! » cria encore la dame, et elle partit au galop.

Raoul poussa son cheval et vint galoper à ses côtés.

« Nina, dit-il, serez-vous donc toujours là à

point pour me sauver la vie ! Comment reconnaî-
rai-je votre admirable dévouement ?

— Aimez-moi, lui répondit Nina.

— Hélas ! » murmura Raoul avec un soupir.

Puis, après un silence :

« Comment étiez-vous là, madame ? reprit-il.

— Je suis arrivée hier à Audenarde ; par suite
de diverses circonstances, j'avais été retardée en
route et mes gens étaient arrivés avant moi, non
près. Ce matin, grâce à mes sauf-conduits qui
me permettent de passer partout, j'étais partie
pour la chasse ; je comptais pénétrer au camp et
vous voir ; car vous vous doutez bien, ingrat, que
c'est pour vous que je suis venue. Je vous aime,
je veux me venger d'un amant odieux ; je forcerai
votre reconnaissance et votre amour ; j'associerai
ma haine à la vôtre : vous ferez justice du misérable et vous finirez par accorder un peu d'affection à celle qui ne vit que pour vous.

— Madame...

— Laissez-moi continuer. J'étais donc partie
pour la chasse, suivie de ma maison, lorsque
j'entendis au loin le bruit de la bataille ; puis je
rencontrais des Espagnols qui fuyaient ; que pou-
vais-je faire ? je me mis à panser les blessés et
lorsque j'appris la brillante victoire remportée
par les Français, je vous cherchai ; je vous aperçus, avec vos amis ; vous alliez vous jeter impru-
demment dans les lignes ennemies ; je voulus
vous rejoindre, vous prévenir, vous étiez déjà entouré ; mes serviteurs, sur mon ordre, ramassèrent des épées sur le champ de bataille, et au
risque de voir annuler les sauf-conduits que m'ont

donnés les Espagnols, je fondis sur eux. Vous
savez le reste. »

Raoul remercia encore vivement l'héroïne;
puis, comme on arrivait auprès du camp français, il voulut la quitter pour regagner son logement :

« Ne me ferez-vous point l'honneur de venir
souper chez moi ? lui demanda alors Nina d'une
voix suppliante.

— Je dois rentrer, madame, et...

— Envoyez vos amis au camp prévenir que
vous arriverez dans deux heures. Vous ne sauriez
me refuser ce plaisir. Ma maisonnette est là, tout
près, dans le bois. »

Bien qu'assez contrarié, Raoul ne pouvait re-
pousser une offre venant de celle qui deux fois lui
avait évité la mort : il accepta, gardant avec lui
Brin d'Amour, tandis que Mathieu, Coquelicot et
Beaucormier retournaient au quartier général.

La maisonnette de Nina était un véritable château, situé dans un immense parc avec des com-
muns considérables, écuries, remises, et le reste.
C'était une demeure princière qu'un ami de l'aven-
turière, rencontré sur la route — ce qui avait fort
attardé la voyageuse, — lui avait achetée d'un
gentilhomme âgé qui désirait quitter le pays, vraiment dangereux à ce moment. Le noble ami avait
bien fait les choses, envoyé des chevaux dans les
écuries, des valets déterminés, des armes ; puis
il était retourné à ses affaires, heureux d'avoir
satisfait un des caprices de la dame. Celle-ci lui
avait dit :

« Ça m'amusera de voir des batailles », et le
brave seigneur avait obéi à cette fantaisie.

Nina introduisit Raoul dans une petite pièce toute tendue de satin bleu de ciel à broderies d'argent ; les rideaux étaient de damas de la même couleur ; les meubles, habilement choisis, n'avaient pas ces lignes sévères des meubles de l'époque ; construits sur les indications de Nina, ils étaient jolis de forme, coquets et commodes : peu de sièges ; des divans et des coussins.

Raoul la connaissait bien, cette chambre bleue, il l'avait vue à Paris chez Nina et il se demandait par quels prodiges de rapidité, au prix de quelles dépenses insensées on avait pu la transporter et l'établir en si peu de temps au nouveau domicile de la courtisane.

Celle-ci lui dit :

« Vous reconnaissez ce boudoir, ces meubles, ces tentures ? Tenez, c'est sur ce divan que je vous fis apporter, évanoui, mourant, il y a quelques mois ; vous en souvenez-vous ? Et nos longs tête-à-tête, et... Mais ce n'est pas de cela qu'il s'agit, mon ami. Ne nous attendrissons point. Vous devez avoir faim, je vais donner des ordres pour le souper, et, si vous le permettez, quitter ces bottes et ce corsage de chasse qui me fatiguent... »

Elle sortit en souriant, laissant Raoul à ses réflexions.

Il était irrité vraiment de ce dévouement qui l'enveloppait malgré lui ; il lui répugnait presque d'accepter le rôle de cette femme qui n'était en somme qu'une courtisane ; et pourtant il ne pouvait s'y soustraire ; deux fois elle l'avait arraché à la mort, l'accablant de soins sans rien lui demander, sans exiger de récompense, refusant

avec colère les dédommagements qu'il lui offrait
quelque délicatesse qu'il y mît ; ayant pour lui des
tendresses de sœur, des prévenances adorables,
ah ! sans doute il l'eût adorée ; mais il aimait
ailleurs, et à travers le beau visage de Nina il
apercevait les traits si doux de Marie.

Au fond, il était en grand embarras : une amitié
toute de gratitude le rattachait à Nina : de plus
ils avaient une commune vengeance à exercer, et
ce sentiment les rapprochait encore.

Nina revint ; elle apparut tout à coup à Raoul
rêveur, dans un délicieux costume de dentelles, un
délicieux fouillis de fines étoffes blanches, telle-
ment légères et vaporeuses qu'elle semblait vêtue
d'un nuage.

« Que vous êtes belle ! s'écria-t-il, malgré lui,
emporté par l'admiration.

— Ah ! vous trouvez, répondit-elle avec amer-
tume.

— Oui, bien belle ! et celui-là doit être heureux
à en mourir qui peut vous aimer et que vous
aimez. »

Nina sourit tristement.

Des valets entrèrent alors, apportant une petite
table à la turque, chargée de mets délicats et
d'excellents vins.

Le comte et la courtisane prirent place l'un auprès de l'autre, sur des coussins.

« Allons, reprit la jeune femme, laissons là nos
rêves ; et mangez, monseigneur ; il vous faut réparer vos forces usées au service de la Reine...
Goûtez-moi de ce salmis... »

Et elle le servit ; son joli bras, d'une blancheur
de lait ou de satin, sortait des dentelles et frôlait

la main de Raoul ; celui-ci tressaillit malgré lui que diable ! il n'avait pas trente ans !

Puis Nina se mit à causer, à bavarder, parlant pour parler, de choses et d'autres ; Raoul répondait gêné, embarrassé, mal à l'aise, par des paroles sans suite ; tous deux riaient pour s'étourdir. Nina prononça le nom de Marie.

Raoul alors lui conta son aventure du Louvre ; puis, comme s'il eût voulu lever quelque dernier scrupule, il accusa Marie de trahison, l'appela ingrate, perfide et lui attribua les épithètes les plus dures : Nina simplement, en femme qui connaît les hommes, prit sa défense ; elle réfuta les arguments de Raoul, parla de pardon, d'indulgence, et termina en disant à Raoul qu'il l'aimait toujours :

« Non ! s'écria-t-il, non, je ne l'aime pas ! je la hais !

— Vous l'aimez toujours, hélas ! vous avez pour elle trop d'injures ! »

Il y eut un long silence : Raoul sentait bien que Nina avait raison et que, quoi qu'il fît, il adorait Marie. Alors il essaya de changer le cours de ses idées, il but coup sur coup quelques gobelets de vin ; sa jeunesse, la chaleur de la liqueur vermeille agissant sur lui, il se sentit tout transformé.

Adieu serments, amours, constance. Il pensa qu'il était bien sot de demeurer ainsi fidèle à une enfant qui l'avait trahi pour épouser son meurtrier. Il se rapprocha de Nina ; celle-ci se pencha vers lui ; les boucles de ses cheveux venaient caresser la joue de Raoul ; ses yeux fixés sur le jeune homme semblaient lire au fond de son cœur.

Il la regarda, elle souriait ; il lui entoura la taille de ses bras et se laissa glisser aux pieds de la courtisane : tous deux se contemplaient ; muets, frissonnants, leurs lèvres se rapprochaient et leurs deux âmes se confondirent dans un long baiser.

A ce moment la fenêtre vola en éclats, et un homme entra, un pistolet armé dans chaque main :

« Si vous bougez, dit-il, vous êtes morts !

— Buzançay ! exclama Nina. Lui ! lui, ici !

— Buzançay ! rugit Raoul. Ah ! misérable, je vois donc enfin ton visage ! »

Buzançay s'était avancé ; il était à quatre pas de Raoul et de Nina, qui s'étaient dressés, ivres de colère et de rage impuissante :

« Taisez-vous ! commanda impérieusement le marquis ; foi de Buzançay, si vous faites un moument, je vous tue ! »

Raoul était sans armes, Nina avait renvoyé ses gens : il ne fallait songer ni à appeler ni à se défendre ; il fallait attendre. Raoul se mordait les poings avec fureur.

« Eh bien ! mes petits amis, reprit le marquis, on s'amuse, à ce qu'il paraît ? on s'embrasse à pleine bouche comme des amoureux ; c'est touchant... Mais, que vois-je ? Vous avez soupé, auparavant ? Et vous ne m'avez pas invité ?... C'est mal, cela !

— Ah ! monsieur, exclama Raoul, assez de railleries. Dites-nous ce qui vous amène, et si vous êtes venu pour nous assassiner, faites ; mais finissons-en !

— Vous êtes bien pressé de mourir, mon gentilhomme ! Vous ne voulez donc plus enlever la marquise Marie de Buzançay ? J'ai de vos nouvelles, monsieur le comte, et toutes fraîches ! Ah ! monseigneur, vous vous introduisez la nuit auprès de l'épouse légitime d'un gentilhomme du Cardinal, et vous croyez que le gentilhomme ne se vengera pas, tôt ou tard ?

— Lâche suborneur !...

— Pas de gros mots, monsieur ! Vous perdez votre temps. Vous avez voulu me prendre ma femme, je vais vous tuer. »

Puis, se tournant vers Nina :

« Pour vous, madame, je vais vous tuer aussi ; grâce au secret que je vous avais confié, vous m'avez, pour je ne sais quelle vengeance féminine, livré pieds et poings liés au Cardinal ; aujourd'hui, je suis sa chose, son esclave... j'ai dû subir... ; ah ! ce que j'ai subi, tout votre sang est insuffisant à le payer !

— Allons ! monsieur, répondit Raoul, accomplissez votre lâche attentat, je suis prêt. »

Et, mettant à nu sa poitrine, il dit encore :

« Tirez là, le coup sera plus sûr ; car, par Dieu ! si vous me manquez, je vous arracherai la gorge avec mes ongles ! »

Le marquis se mit à rire :

« Ne craignez rien, je ne vous manquerai pas, dit-il ; mais l'heure n'est pas encore venue. »

Certain de sa facile victoire, Buzançay jouait avec ses victimes comme le chat avec la souris.

De fait, il avait reçu de Mazarin un ordre ainsi

conçu : « Raoul de Nangeac est au camp ; cette fois-ci, ne le manquez pas, votre grâce est à ce prix. » Buzançay était d'abord allé à Tournai, puis à Mons ; le matin même il était arrivé à Audenarde ; il s'était battu à son poste, d'ailleurs, vaillamment ; le soir il avait aperçu Raoul avec Nina et il les avait suivis de loin : alors il s'était glissé dans le parc du château, avait gagné la fenêtre du rez-de-chaussée sous laquelle il s'était blotti, attendant le moment de faire son entrée...

Un des défauts de Brin d'Amour était la curiosité : or, ce soir-là, après avoir copieusement dîné avec les serviteurs de Nina, il était, en attendant son maître, allé faire un tour de jardin : il flânait donc par un beau clair de lune aux environs du château, admirant la belle nature et remerciant le ciel qui lui avait fait un bon estomac pour de bonnes digestions.

Il arriva ainsi, tout en chantonnant une ariette de son pays, en face de la fenêtre de la chambre bleue ; il s'aperçut qu'elle était ouverte et en fut intrigué ; il fut bien plus étonné encore lorsqu'il vit, en s'approchant, un homme qui lui tournait le dos et tenait en joue, sous la gueule de deux pistolets, Raoul et Nina dans les bras l'un de l'autre.

Brin d'Amour adorait marcher nu-pieds ; il ôta ses gros souliers à cordons, et s'avançant à pas de loup, se dirigea vers la fenêtre ; il arriva juste au moment où le marquis disait: « Je ne vous manquerai pas, mais l'heure n'est pas encore venue. »

«Comme ça se trouve, murmura Brin d'Amour, et, se soulevant sur les poignets, il franchit l'appui de la croisée, sauta dans la chambre, saisit le marquis à bras-le-corps, le renversa, lui mit un genou sur la poitrine ; puis, lui arrachant un de ses pistolets, il le lui appliqua contre le crâne :

« Faut-il tirer ? demanda-t-il à Raoul.

Le marquis était atterré : sa vengeance lui échappait ; Raoul hésita :

— Non, dit-il enfin. Nous ne sommes pas des assassins : » désarme cet homme et relève-le.

Brin d'Amour enleva l'autre pistolet des mains de Buzançay, puis, le prenant au collet, il le mit sur ses pieds :

« Voilà l'animal, grommela-t-il, comme disait mon maître La Pomme ! »

Nina était remise de son émotion :

« Qu'allez-vous faire, interrogea-t-elle, monsieur le comte ? »

Raoul s'avança vers Buzançay :

« J'aurais pu, j'étais en droit, misérable, de te faire tuer comme une vipère ! mais je suis gentilhomme et je ne me rendrai jamais complice d'un assassinat.

— Vous avez bien voulu assassiner le Cardinal, ricana le marquis.

— Je ne l'eusse point frappé par derrière, bandit ; je lui aurais donné une épée et je l'aurais provoqué loin de ses gardes et de son entourage... C'est d'ailleurs ce que je vais faire pour toi. Quelque dégoût que j'aie à croiser mon fer contre le tien, j'ai juré que tu ne mourrais que de ma main : nous allons donc combattre en combat loyal, et nous verrons s'il reste encore un cœur de gentilhomme sous ton pourpoint de meurtrier.

— Un duel?

— Oui, un duel !

— Raoul ! implora Nina ; Raoul ! cet homme peut vous tuer ; il vaut mieux en finir…

Et elle saisit un des pistolets dont elle visa le marquis ; le comte lui prit la main :

« J'ai Dieu pour moi, madame. Cet homme mourra. »

Alors, tous quatre descendirent au jardin : Nina, ne voulant pas appeler ses serviteurs, saisit un des flambeaux ; Brin d'Amour prit l'autre ; en passant dans la salle d'attente, Raoul décrocha deux épées d'égale longueur ; le marquis marchait comme un prisonnier entre le comte et son valet :

« N'essaye pas de fuir, coquin, murmurait celui-ci à l'oreille de Buzançay, j'ai de bonnes jambes ; et moi, je ne suis pas gentilhomme, je ne fais pas grâce ! »

Mais le marquis ne songeait pas à fuir ; il ne s'inquiétait guère d'un duel ; il redoutait peu Raoul malgré sa réputation ; ce spadassin était un des plus habiles escrimeurs de l'époque et, de fait, il ne craignait personne.

Les adversaires éclairés, par la lune et la lueur flottante des flambeaux, se mirent en garde.

Buzançay reculait, se livrait peu, essayant de fatiguer son adversaire ; lorsque celui-ci approchait, il lui faisait des feintes au genou qui le forçaient de rompre ; mais Raoul avait des jarrets d'acier ; tout à coup il cessa d'avancer :

« Si vous reculez toujours, monsieur, dit-il, nous allons finir par nous battre à Paris… »

Puis, pour exciter le marquis, il lui frappa les doigts d'un coup violent ; Buzançay poussa un cri douloureux :

« Ah ! hurla-t-il, c'est ainsi ! tu veux me faire lâcher mon épée ! attends, misérable ! »

Il s'élança sur Raoul.

« Allons donc ! » exclama celui-ci.

Et sans rompre, comme à la salle d'armes, il profita du mouvement de Buzançay ; en se fendant celui-ci s'était légèrement découvert ; avant qu'il fût relevé, le comte de Nangeac lui passa son fer au travers du corps.

Le marquis tomba en vomissant un flot de sang.

Nina poussa un cri d'effroi et de triomphe ; elle se jeta au cou de Raoul :

« Sauvé ! vous êtes sauvé ! Ah ! que j'ai eu peur ! c'est horrible ! »

Le comte se dégagea de cette étreinte :

— Il faut, dit-il, que je rentre au camp, d'où mon absence ne saurait se prolonger. Croyez, madame, que je n'oublierai jamais cette soirée deux fois heureuse, où j'ai senti votre cœur battre contre le mien, où j'ai tué mon plus mortel ennemi... Adieu, madame ! Faites porter chez lui ce pauvre diable ! »

Alors il commanda à Brin d'Amour d'amener les chevaux ; puis il partit, après avoir baisé la main de Nina qui pleurait...

Florent et les valets avaient pendant ce temps étendu sur une civière le corps de Buzançay ; éclairés par des torches, ils avaient pris ensuite la direction du camp.

En chemin, Raoul se retourna, jeta un dernier regard sur ce sinistre cortège ; alors, il leva les

yeux vers le ciel et crut voir, mystérieuse apparition, le visage de Marie qui lui souriait dans un
rayon de lune :

« Veuve ! » murmura-t-il...

Et il gagna au galop le quartier général.

CHAPITRE XIV

DES FRUITS SINGULIERS QUI POUSSAIENT DANS LES ARBRES D'AUDENARDE

Lorsqu'il arriva au camp, Raoul sauta au cou de Mathieu qui l'attendait :

« Ah ! mon cher de Léris, lui disait-il, avec une explosion de joie insolite, ah ! quel bonheur, mon ami ! Veuve ! Elle est veuve !

— Qui donc, mon cher Nangeac ? demandait le chevalier, tout étourdi de ces effusions.

— Marie, Marie ! Marie est veuve !

— Dieu soit loué ! Et comment cela ? »

Alors Raoul raconta sa querelle avec Buzançay, et la façon chevaleresque dont il l'avait envoyé *ad patres* ; il omit bien quelques détails dans son récit et oublia de rappeler le moment d'absence qu'il avait eu auprès de Nina, à laquelle il avait failli donné son cœur ; il estimait sans doute que cela ne devait point intéresser son ami.

Le chevalier félicita Raoul de sa victoire sur un rival détesté et lui demanda s'il n'avait point rencontré Coquelicot :

« Ma foi, non ! répondit Raoul. Il est parti avec vous... je ne l'ai point vu depuis...

— C'est singulier... Nous venions de rentrer ; Beaucormier ressortit le premier, puis revint un moment après et l'appela ; Coquelicot le suivit, et je les aperçus qui allaient tous deux rejoindre un troisième personnage à mine suspecte avec lequel ils disparurent bientôt derrière les tentes. Il y a trois heures de cela, ils ne sont point rentrés.

— C'est singulier, en effet. »

Raoul appela Brin d'Amour.

« Tu n'as point vu Coquelicot ni Beaucormier ?

— Non, monsieur le comte, répondit le valet.

— Tâche donc de les trouver.

— Je vais aller faire le tour des cantines ; ils ne sauraient être ailleurs.

— Si tu les rencontres, ramène-les ; nous avons à leur parler. »

A ce moment les hommes qui ramenaient le corps du marquis de Buzançay passèrent avec le lugubre fardeau ; des officiers suivaient, chapeau bas ; Raoul et Mathieu saluèrent : un soldat, en passant, dit au comte de Nangeac :

« C'est un lieutenant aux gardes de la Reine que l'on a trouvé mort dans un fossé.

— Oui, fit un autre, et nous le portons à son logement, à l'autre extrémité du quartier. »

Le cortège passa : malgré lui, Raoul se sentit attristé. Ce cadavre tout pâle, à peine éclairé par

quelques torches, ces hommes graves, res-
pectueux, qui suivaient une espèce de pompe
toute militaire qui complétait le tableau, un pi-
quet d'honneur, puis un abbé qui chantait la
prière des morts, tout cela n'était pas précisément
fait pour donner des idées gaies.

« Je ne sais ce que j'éprouve, dit le comte à
Mathieu, mais j'ai comme le pressentiment qu'il
va m'arriver quelque malheur !

— Allons, mon ami, chassez les mauvaises
pensées. Que voulez-vous qui vous arrive ?

— Tenez, Léris, je voudrais aller à Paris ; je
voudrais faire la paix avec le Cardinal et...

— Et épouser Marie ! Ah ! jeunesse ! Et pour
une femme, vous pardonneriez tous ses crimes
au Cardinal, pour une femme, vous trahiriez votre
cause ! Oubliez-vous que vous deviez le tuer, vous-
même, de votre main ?

— Hélas ! Excusez-moi, Léris, mais je ne me
sens pas fait pour ces grands dévouements à une
cause perdue d'avance ! J'ai tant souffert !

— Ne dites point cela, mon cher Nangeac ! vous
vous ignorez vous-même !

— Je rêve de vie paisible, je voudrais être dans
mon château, à Baume-les-Dames, avec une
épouse chérie...

— Vous pouvez avoir tout cela... Mais pourquoi l'acquérir au prix d'une trahison ? Vous vous
ignorez vous-même, vous dis-je. Oui, il faut aller
à Paris, et là, vous joindrez Mazarin, vous le
tuerez comme vous l'avez juré ; si votre bras faillit, le mien ne manquera pas, car je serai près
de vous ; nous enlevons Marie, nous fuyons à

Baume, et là vous vivez heureux ; tandis que moi...

— Vous ?

— Moi ! mon destin m'appelle ailleurs.... Je suis soldat, mon cher comte.

— Au fait, comment êtes-vous venu ici ?

— Je voulais fuir Paris où je n'étais pas en sûreté ; j'étais obligé d'y vivre caché continuellement. Je pensais à venir offrir mon bras au maréchal, espérant que la vengeance du Cardinal ne viendrait pas chercher le conspirateur sous l'habit de l'officier dévoué ; je voulais ainsi laisser à Mazarin le temps d'oublier. Ne nous croyait-il pas morts ? Puis, plus tard, choisir le moment favorable pour tenir mon serment... comme vous, j'en suis sûr, tiendrez le vôtre.

— Soit, répondit Raoul. Nous partirons quand vous voudrez : que m'importe le Cardinal, pourvu que je revoie Marie !

— Cette passion cependant ne saura vous faire oublier votre devoir ! »

A ce moment Brin d'Amour entra ; les recherches pour retrouver Coquelicot et Beaucormier avaient été inutiles.

« C'est singulier ! » dirent encore les deux amis ; et ils se couchèrent.

Ils avaient bien gagné leur repos.

Le lendemain, le maréchal fit appeler Raoul auprès de lui ; là, il le félicita, devant son état-major, de sa brillante conduite de la veille et lui demanda de quelle faveur il pourrait le récompenser.

« Celui qui fait son devoir, répondit Raoul, ne saurait accepter de récompense.

— Eh ! sans doute, monsieur, repartit vivement le maréchal, il ne s'agit pas de vous payer vos services ! je voudrais seulement pouvoir satisfaire à quelqu'un de vos désirs, comme vous avez satisfait aux miens. C'est un échange...

— En ce cas, monsieur le maréchal, j'implorerais de vous un congé pour aller à Paris.

— A Paris, en ce moment ? En pleine campagne ? Y songez-vous, monsieur le comte !

— De sérieux intérêts m'y appellent...

— Ecoutez, monsieur. L'armée de réserve que je commande dóit, d'après nos plans, devenir une armée offensive ; nous devons continuer le mouvement commencé hier et nous porter vers le nord-ouest pour envelopper les Espagnols... Dès demain peut-être, dans une heure même, selon les avis qui me parviendront, je commencerai cette opération... Monsieur, vous ne pouvez quitter la compagnie dont la bienveillance du Cardinal vous a donné le commandement, que votre haute valeur vous a depuis si bien méritée,..

— Monsieur le maréchal, il faut que je parte...

— Je regrette de me montrer sévère avec vous, monsieur. Je suis votre ami, croyez-le bien ; je vous tiens en haute et profonde estime... Implorez de moi la faveur que vous voudrez... mais ne me demandez jamais de vous retirer devant l'ennemi, fût-ce un jour, fût-ce une heure !

— Cela coûte à mon honneur de gentilhomme, mais je ne puis différer davantage...

— Alors, monsieur le capitaine, je refuse le congé que vous me demandez... je vous défends de vous éloigner à plus de cinq cents mètres du camp et si, par malheur, vous enfreigniez cet ordre, je serais forcé de vous considérer comme déserteur… Allez, monsieur.

Le maréchal ne plaisantait jamais avec la discipline.

Raoul s'en alla le cœur brisé ; il comptait rejoindre Marie, l'épouser ; il avait fait mille rêves insensés, et voilà que son honneur et son devoir lui barraient le chemin.

Au lieu de retourner à sa tente, il se mit à marcher devant lui, machinalement livré à ses pensées ; une sentinelle qui lui présentait les armes attira son attention :

« Ah ! murmura-t-il, c'est vrai, je suis à la limite du camp ; j'ai droit encore à cinq cents mètres ! »

Un bouquet d'arbres était tout proche ; Raoul résolut d'aller s'asseoir à l'ombre des hêtres :

« Là, pensait-il, je pourrai songer en paix. »

Il eut bientôt atteint les épais ombrages ; il jeta son manteau sur le sol, s'étendit dessus et leva les yeux vers le ciel ; il réprima aussitôt un geste d'étonnement : dans un arbre, en face de lui, appuyée sur deux grosses branches croisées, une forme blanche apparaissait ; on eût dit d'un paquet de linge.

« Qu'est cela ? » dit-il.

L'objet était immobile. Raoul regarda autour de lui ; sur un autre arbre, presque au faîte, il aperçut une autre forme étrange ; en poursuivant son examen, il vit, sous ce second paquet, une botte qui pendait :

« Ah ça ! murmura-t-il, on met donc des épouvantails à moineaux par ici ! »

La botte avait remué.

« Bien, continua Raoul, il y a quelqu'un dedans. »

Alors il fit jouer la batterie de son pistolet, apprêta son briquet et, d'une voix forte, cria :

« Eh ! là-haut ! descendez ou je vous descends... »

Il n'eut pas besoin de renouveler cet ordre ; les deux formes dégringolèrent chacune de leur arbre, et vinrent s'aplatir auprès de lui.

Raoul éclata de rire : la forme blanche, c'était Beaucormier ; la botte habitée, c'était Coquelicot. Nos deux héros avaient des airs piteux que Raoul, malgré sa tristesse et ses ennuis, ne pouvait regarder sans se réjouir.

« Par Dieu, mes braves, que faisiez-vous, à cheval sur ces branches ? »

Coquelicot salua jusqu'à terre, regarda Beaucormier et se tut. Beaucormier, abasourdi, toussa, cracha et répondit vivement :

« Ça n'est pas nous...

— Vous, quoi ?

— Non ! par la Sainte Vierge, mère du Christ, qui nous voit et nous juge, monsieur le comte, ce sont les Suisses.

— Enfin, expliquez-vous ? Que faisiez-vous là ?

— Je cherchais ma rapière, dit Coquelicot.

— Oui, c'est ça, nous cherchions sa rapière... », exclama Beaucormier.

Raoul commençait à se fâcher :

« Vous moquez-vous de moi, drôles ! Répondez, ou je vous fais donner la bastonnade... »

Beaucormier avait repris un peu de sang-froid :

« Plaignez-nous bien plutôt, monsieur le comte, et ne vous mettez point en colère. La colère donne la pépie. Je vais vous dire la vérité. D'abord ça n'est pas nous qui avons volé l'âne, ni les jambons, ni la dame-jeanne !

— Quel âne, quels jambons, quelle dame-jeanne ?

— Un âne magnifique, trois jambons énormes et une dame-jeanne pleine d'un vin de Touraine... ah ! qu'il était bon !

— Tu en as donc goûté, maraud ?

— Moi ?... Jamais ! oh ! Monseigneur... Non ! Non ! Ils me l'ont dit.

— Qui, ils ?

— Les Suisses.

— Ah ! parle net, et pas tant d'ambages ou gare les coups !

— Voilà. Hier, Coquelicot et moi, en rentrant au camp, nous rencontrons un ami. Il nous emmène au quartier des Suisses... Le brave garçon arrivait de Paris ; il avait quelques pistoles en poche ; nous allons à la cantine... Nous buvons ; alors les Suisses racontent qu'ils viennent de voir passer une bonne femme avec un âne et des provisions. — « Bon, fait notre ami, allons les chercher... » Et le voilà parti avec les Suisses, à la poursuite de la vieille femme.

— Et vous ?

— Nous ? nous suivions de loin... pour voir. Alors ils trouvent la malheureuse, ah ! *Bone Deus !* ils lui prennent son âne, ses jambons, son vin ! quelle pitié ! oh ! les mécréants ! La vieille se met à crier : des gardes sortent du camp, nous donnent la chasse ; les Suisses nous dénoncent... l'éveil est donné : nous finissons par nous cacher... Nous avons passé la nuit à la belle étoile ; le matin nous cherchions un moyen de rentrer au

camp sans être vus ; nous aurions tout avoué...
tout, d'autant plus facilement que nous n'avions
rien fait... lorsque nous vous avons aperçu... vous
gesticuliez comme un homme en colère... Nous
avons pensé que vous nous croyiez coupables...
alors nous sommes montés sur ces arbres... Tout
cela est la pure vérité, demandez plutôt à Coquelicot !

— Tout cela est vrai, foi de gentilhomme,
affirma celui-ci.

— Allons, dit Raoul, c'est bon ! rentrez au
camp. Je tâcherai de vous éviter le châtiment que
vous méritez.

— Monsieur le comte est le plus généreux des
hommes !

— C'est bon... partez. »

Beaucormier ne bougeait pas ; il se grattait al-
ternativement le nez et l'oreille ; Raoul demanda:

« Qu'est-ce ? que veux-tu ? as-tu quelque chose
à ajouter ?...

— Dame ! c'est que... voilà... notre ami de
Paris... n'est-ce pas, Coquelicot ?

— Oui bien... notre ami de Paris, fit le reître.

— Notre ami de Paris, reprit le moine, nous a
apporté une nouvelle... Ça n'est peut-être pas
vrai, d'ailleurs !

— Quoi donc ! parleras-tu ?

— Eh bien... oui ! mais ça va vous faire de la
peine. »

Raoul sentit son cœur se serrer :

« Ah ! parle, misérable, ou je te cloue la gorge
de mon épée...

— Monseigneur... croyez bien ! Enfin, il vaut
mieux vous le dire... Mlle Marie de Montévrain...

c'est-à-dire la marquise de Buzançay... c'est notre ami qui nous l'a raconté... »

Le comte tira son épée et en appuya la pointe sur la poitrine du moine. Beaucormier recula, puis, d'une voix rapide, sans hésitation cette fois, il cria :

« La marquise de Buzançay est la maîtresse du Cardinal !... »

Raoul demeura stupide, comme disait le bon Corneille ; il ne répondit rien, et, affolé, il s'enfuit dans la direction du camp.

Beaucormier, qui s'était mis prudemment à l'écart, se prit à rire et se tournant vers Coquelicot :

« Ça y est, dit-il. Le Cardinal sera content ; et maintenant, à Paris, mon ami, à Paris ! »

Les deux complices qui avaient trahi Mazarin pour Raoul trahissaient maintenant Raoul pour Mazarin ; chez eux, c'était une question d'argent.

En arrivant au camp, Raoul courut à sa tente ; Mathieu l'attendait :

« Je pars pour Paris, dit le comte.

— Vous ! ah ! mon Dieu ! vous êtes tout pâle ! qu'avez-vous ?

— Marie est la maîtresse de Mazarin !

— C'est de la folie...

— Non ! La nouvelle m'arrive de Paris... je pars.

— Mais on m'a dit que le maréchal vous avait refusé un congé.

— Oui... qu'importe ?

— C'est la désertion !

— Qu'importe, vous dis-je ! Ami, j'hésitais hier : aujourd'hui je suis à vous ! j'irai à Paris, je tuerai le Cardinal et je ferai payer cher toutes ses infamies à Mlle de Montévrain.

— C'est bien, répondit Mathieu ; en ce cas, je vous suis !

— Mon bras ne tremblera pas ! je l'assassinerai plutôt ce ministre infâme ! Un duel ! Je voulais un duel avec lui ! mais c'est à mourir de rire ! où que je le rencontrerai, je lui plongerai mon épée dans le cœur !...

— Bravo, mon ami, à cheval !

— Vous m'accompagnez ?

— Sans doute ! Je ne saurais vous abandonner en un pareil moment ! D'ailleurs nous ne serons pas trop de deux pour accomplir notre dessein.

— Mais c'est la désertion... c'est la mort, peut-être !

— Pourquoi les craindrais-je plus que vous !

— Embrassez-moi, mon frère ! Et partons. »

Une heure après, suivis de Brin d'Amour, ils sortaient du camp à cheval sous prétexte d'aller en reconnaissance.

Le maréchal en fut immédiatement informé ; il envoya un courrier à Paris :

« Les fous ! Les fous ! disait-il... C'est dommage, c'étaient de braves gentilshommes. »

Cinq jours après Brin d'Amour arrivait à l'ancienne porte Saint-Denis, à l'angle de la rue des Deux-Portes (aujourd'hui rue Blondel) et gagnait la rue de la Ferronnerie, où il devait retenir des logements pour ses maîtres.

Deux heures après, Raoul et Mathieu pénétraient à leur tour dans Paris. Au moment où ils entraient dans la rue des Deux-Portes, cinquante archers, dissimulés dans les maisons voisines, se jetèrent sur eux.

« Au nom de la Reine régente, dit le capitaine qui les commandait, messieurs de Nangeac et de Néris, je vous arrête. Rendez-moi vos épées ! »

Et il les fit conduire à la Bastille.

CHAPITRE XV

HISTOIRE D'UN TROU

Brin d'Amour attendit vainement Raoul et Mathieu dans le logement qu'il leur avait retenut; au bout de quelques jours, ne les voyant pas paraître, il se décida à aller au Louvre et demanda à parler à la marquise de Buzançay; on commença par lui rire au nez, mais comme il insistait en agitant son bâton d'une façon inquiétante, le valet lui apprit ce que nous savons déjà, que la marquise avait été chassée de la Cour et que depnis elle avait disparu. Il annonça encore une étonnante nouvelle : Buzançay n'était pas mort.

Comme on le déposait sur son lit, il avait poussé un soupir; les médecins alors s'étaient hâtés de le saigner, de le purger; il n'avait donc repris connaissance que trois jours après, alors que Raoul était déjà loin; celui-ci n'avait donc pas su cette résurrection.

Enfin Brin d'Amour apprit encore que ses amis

Coquelicot et Beaucormier étaient venus reprendre leur service de policiers secrets de Son Éminence le Cardinal. Quant à M. de Nangeac et à M. de Léris, le valet ne les connaissait point et n'en avait jamais entendu parler.

Brin d'Amour quitta le Louvre, l'oreille basse : tout cela ne le satisfaisait que médiocrement, et, presque sans argent, sur le point d'être chassé de l'auberge où ses maîtres devaient le rejoindre, sans renseignements précis, il était fort embarrassé.

Il s'en allait, marchant devant lui, sans regarder, agitant son bâton, au grand déplaisir des passants qui étaient forcés de s'écarter vivement sur son passage ; il marmottait des mots sans suite, et, sur le quai peuplé de monde, il avait l'air d'un fou. Enfin, il arriva au Pont-Neuf : il se souvint de son ancien maître La Pomme.

« Par lui, pensa-t-il, je verrai Coquelicot ou Beaucormier ; par eux je saurai ce qu'est devenu mon maître... Il est vrai que La Pomme ne doit point avoir beaucoup d'amitié pour moi... mais baste ! je lui offrirai de boire ma dernière pistole... »

Et il alla se planter devant la baraque du bateleur : celui-ci faisait la parade, il criait :

« Lorsque le pauvre Rondibilis vit venir messire le diable, il... »

A ce moment il aperçut Brin d'Amour ; d'un second coup d'œil il aperçut le bâton de feu son oncle maternel ; alors, il ouvrit une large bouche, pâlit, et sans ajouter un mot, s'enfuit à toutes jambes.

Les assistants éclatèrent de rire :

« Ha! Rondibilis, criaient-ils, ne te sauve pas, mon mignon; as-tu donc le diable dans tes chausses ? »

Mais La Pomme n'écoutait pas, il courait, courait toujours. Brin d'Amour s'était mis à sa poursuite ; ils firent ainsi le tour du Pont-Neuf à la grande joie du public :

« L'aura !

— L'aura pas !

— Il l'a..... »

Brin d'Amour, en effet, avait enfin saisi La Pomme par son casaquin, et bon gré mal gré il le ramena sur son tréteau, où il prit place à côté de lui :

« Ne craignez rien, ajouta-t-il en riant, messire La Pomme ; je ne suis pas le diable ; je suis Lafleur, votre valet et bien à votre service... »

La foule applaudit ; une bourgeoise jeta à Brin d'Amour une bourse contenant quelques pistoles ; Brin d'Amour, décidément formé aux belles manières, lui envoya un baiser : on applaudit encore.

La Pomme, tout tremblant, continua la parade ; seulement, cette fois, il évita d'adresser à Brin d'Amour les coups de pied traditionnels ; nous croyons même que ce fut le contraire et que Brin d'Amour s'amusa à transformer les rôles.

La représentation eut beaucoup de succès ; des écoliers invitèrent Brin d'Amour à souper et des béguines lui offrirent, avec de doux sourires, quelques pièces de monnaie sur lesquelles il ne cracha point : c'était un joli garçon.

Enfin il demeura seul avec La Pomme ; une explication eut lieu ; Brin d'Amour avoua qu'il adorait le métier de pitre, et qu'il revenait par goût, qu'il était enchanté de l'accueil que voulait bien lui faire son patron :

« Mais, dit La Pomme, j'ai déjà Nicodème... ,

— Je ne vous demande point d'argent, répondit Brin d'Amour ; je travaille pour l'art ! »

Et il s'installa chez La Pomme comme chez lui ; il lui offrit même à souper.

Ainsi qu'il l'avait pensé, à la nuit tombante, Coquelicot et Beaucormier firent leur apparition : ils furent tout surpris de trouver là Brin d'Amour ; celui-ci leur expliqua qu'il avait dû quitter son maître, sur la route de Paris, parce que celui-ci l'avait battu.

« Et, ajouta-t-il, depuis je n'ai pas eu de ses nouvelles !

— Il est à la Bastille, dit Coquelicot. Et c'est un bon débarras, sangdiou !

— Très bon débarras, appuya le moine, qui profita de ce qu'il avait la parole pour demander à boire.

— Et Mme de Buzançay? interrogea encore Brin d'Amour.

— Je ne sais où elle est, dit Coquelicot ; mais le Cardinal va souvent du côté de Vincennes et j'imagine qu'il la cache par là dans quelque maison bien close...

— Et vraiment tu ignores l'endroit?

— Par le saint nombril du Pape ! » jura Beaucormier.

Brin d'Amour savait ce qu'il voulait savoir ; sans dire ni bonjour ni bonsoir, il bouscula ses interlocuteurs et sortit en courant.

« Voici un fol enragé, continua Beaucormier,
ou je ne m'y connais point. Buvons ! »

Brin d'Amour était fou en effet, ou n'en valait
guère mieux. Avec cet attachement de caniche
qu'il avait voué à son maître, il pleurait presque :
le comte à la Bastille ! Marie perdue ! Que faire ?

Alors il pensa à Nina : celle-ci devait être de
retour, puisque Raoul était revenu : il ne se trom-
pait point ; Nina était à Paris.

Il lui apprit ce qu'était devenu Raoul et lui demanda conseil.

« Mon garçon, répondit Nina, restez ici, chez
moi, et nous agirons au mieux des intérêts de
votre maître. »

A partir de ce moment, elle mit tout en jeu
pour obtenir la grâce de Raoul : Mazarin fut in-
flexible. Ne pouvant traduire Raoul en justice,
puisqu'il n'avait rien à lui reprocher, il avait
trouvé le moyen que l'on sait pour le faire dé-
serter et légalement arrêter : aussi il répondait
aux personnages que lui adressait Nina :

« Ze n'y pouis rien, messieurs, rien, rien ! Ce
povre diavolo a déserté et le maréssal de la Fère
il démande oune exemple... Lui et M. de Léris
seront zuzés et passés par les armes... »

Nina envoya chez la Reine : celle-ci répondit
que tout cela ne la regardait point.

Pendant ce temps Brin d'Amour s'occupait ; il
avait loué sur la route de Clichy une petite maison, cachée dans des arbres, ignorée des policiers de Son Éminence ; c'est là qu'il conduirait
Marie et Raoul lorsqu'il les aurait fait mettre en
liberté.

Avec un admirable esprit de sacrifice, Nina acceptait cette combinaison ; elle était toute disposée à réunir Marie à Raoul ; elle aimait le comte non pour elle, en égoïste, mais pour lui, en femme dévouée et résignée.

Brin d'Amour, une fois le nid trouvé, laissant Nina agir pour Raoul, se mit à chercher l'oiseau.

Tous les jours il allait à Vincennes, battant le bois, les routes, ne trouvant rien. Une fois il avait vu passer le Cardinal dans sa litière ; mais celui-ci alla au Donjon et en revint.

Un matin, cependant, comme il flânait dans le bois, et marchait depuis tantôt quatre heures, il voulut se reposer : pour n'être point dérangé, il s'enfonça dans un taillis épais ; s'étendit tout de son long et... et se sentit tomber ; il voulut se retenir aux branches, celles-ci se rompirent, sa tête cogna à des parois de pierre, enfin il toucha le sol ; il avait fait une chute de cinq à six mètres !

Il se tâta, compta ses membres ; il était tombé sur un lit de feuilles sèches, et n'avait aucun mal.

Il fallait remonter ; comment faire ? Il chercha avec ses mains et sentit un escalier :

« Mais alors, ça va tout seul ! » exclama-t-il.

Puis il devint perplexe : cet escalier n'était pas là seulement pour aider à remonter les passants qui tombaient dans le trou ; il devait mener quelque part ; mais où ?

Tout en réfléchissant, il battait son briquet ; à la lueur des étincelles, il aperçut une galerie souterraine qui s'enfonçait au loin.

« Ma foi, allons voir, et à la grâce de Dieu. »

Il assura son bâton dans sa main, et le tenant droit devant lui, comme les aveugles, il s'avança à tâtons : tout à coup, il piqua une tête en avant et alla tomber quelques mètres plus bas : il se releva en se frottant les reins.

« Ça fait la seconde fois, dit-il ; je ne suis qu'une bête ! »

Il battit le briquet et vit un escalier :

« J'aurais bien pu le prendre, au moins ! C'eût été plus long et moins dur ! »

Une nouvelle galerie s'ouvrait devant lui, il s'y engagea, mais avec précaution, cette fois : enfin son bâton toucha une paroi ; il battit le briquet : c'était une porte. Il fit sauter les serrures dans le bois vermoulu et pénétra dans une sorte de vestibule ; un escalier éclairé d'en haut était en face de lui ; il le gravit et se trouva bientôt dans un taillis semblable à celui au travers duquel il était si bien passé.

« Ah çà, mais, pensa-t-il, qu'est-ce que cela veut dire? Tiens, quelqu'un... »

A quelques pas de lui, en effet, une femme était assise sur un banc ; au bruit qu'il fit en marchant dans les feuilles, elle se retourna : deux exclamations partirent en même temps de leurs poitrines :

« Mlle de Montévrain !

— Brin d'Amour ! »

Elle lui fit signe de ne pas avancer, de ne pas parler ; puis elle se leva, d'un air indifférent, feignit de flâner dans différents sens, et enfin arriva près de lui.

« Fuyez, dit-elle à voix basse, vous êtes perdu... »

Elle reprit sa marche ; Brin d'Amour ne bougea pas ; elle revint, toujours en se promenant :

« Par où êtes-vous venu ? reprit-elle...

— Par là ! »

Et Brin d'Amour montra le sol ; il continua :

« Venez, mademoiselle.

— Mais... »

Brin d'Amour n'attendit point d'explications ; il n'avait pas le temps. Il saisit Marié dans ses bras et, sans autre forme de procès, l'emporta à travers les galeries par où il était venu. Une fois à la lumière du jour :

« Fuyons, madame, fuyons ! nous n'avons pas une minute à perdre. »

Marie se laissait conduire ; elle était libre !

Toute tremblante, elle s'enveloppa la tête d'une dentelle : mais Brin d'Amour, avant qu'elle pût comprendre, lui avait arraché sa robe, ses dentelles, elle apparaissait en cheveux et en jupon ; alors il décoiffa, ébouriffa sa chevelure :

« Comme ça, dit-il, vous avez l'air d'une petite soubrette en aventure galante ! Donnez-moi le bras. »

Ils arrivèrent, sans mot dire, à la porte Saint-Antoine ; là Brin d'Amour acheta à Marie un tablier et un foulard qu'elle enroula autour de sa tête ; ainsi elle était méconnaissable.

« Mademoiselle, lui dit alors Brin d'Amour, vous sentez-vous en état de me suivre ? »

Marie avait recouvré ses esprits :

« Oui, dit-elle.

— Nous allons très loin... mais là seulement vous pourrez être en sûreté.

— Allons... »

Et sans entrer dans Paris, ils gagnèrent Clichy.

En chemin, Brin d'Amour raconta ce qu'il savait de Raoul, et Marie se mit à pleurer. Alors Brin d'Amour lui dit qu'il allait le faire sortir de la Bastille, et Marie se mit à rire.

A son tour, elle lui expliqua comment Mazarin l'avait fait enlever à la sortie du Louvre, cmoment elle était enfermée avec des gens qui avaient plutôt l'ordre de la torturer que de la servir, une vieille surtout qui passait son temps à lui vanter les charmes du Cardinal. Celui-ci venait souvent, il était galant, empressé, parfois entreprenant ; jusqu'à présent elle l'avait tenu en respect, mais elle sentait que cela ne pouvait durer et qu'un jour ou l'autre quelque trahison la viendrait livrer à l'odieux personnage.

Enfin ils arrivèrent à Clichy et Brin d'Amour enferma la tourterelle dans la nid de verdure.

Pendant ce temps, le nuage qui assombrissait les amours de Mazarin et d'Anne d'Autriche avait reparu, puis disparu. D'abord la Reine n'avait pu pardonner au Cardinal sa liaison présumée avec Marie, elle avait appris que celui-ci avait fait enlever sa rivale et était entrée dans une violente colère ; le Cardinal avait nié et elle avait pardonné.

Puis on lui avait apporté la preuve de ce qu'on croyait l'infidélité de Mazarin ; elle se reprit à l'adorer, naturellement.

C'était le jour même où Marie fut délivrée par Brin d'Amour ; la Reine fit venir Son Éminence et eut avec lui une longue explication :

« Livrez-moi madame de Buzançay, lui dit-elle, et je vous absoudrai.

— Je cours la chercher, répondit Mazarin, » heureux de faire la paix avec sa souveraine, paix tant cherchée, au prix de tant d'intrigues, au prix de l'honneur de Marie.

Lorsque Mazarin arriva à Vincennes, la maison était vide.

Il fit fouiller les environs, on ne trouva rien ; il revint tout déconfit raconter sa mésaventure à la Reine.

« Je la retrouverai bien, moi, dit celle-ci. Et alors, malheur à elle ! malheur à vous, si vous m'avez trompée ! »

CHAPITRE XVI

D'UN MARMITON, D'UNE COURTISANE ET D'UN GOUVERNEUR DE LA BASTILLE

Nina, ni Brin d'Amour ne perdaient cependant courage.

Celui-ci passait sa vie à rôder autour de la Bastille et à la menacer du poing et du bâton avunculaire : mais le royal donjon était habitué aux menaces et il continuait imperturbablement à garder dans ses flancs le pauvre Raoul, qui se demandait ce qui pourrait bien lui arriver encore.

Pour différents qu'ils fussent, les efforts de Nina avaient résultat égal et les choses allant de ce train, il y avait gros à gagner que Raoul aurait tout le temps de procéder à l'éducation complète d'une araignée, fût-elle indocile.

Un jour cependant, Nina, s'armant de résolution, prit le parti d'aller droit au gouverneur de la Bastille, un vieux soldat galantin que les hasards de sa vie aventureuse lui avaient fait connaître autrefois.

Peut-être se souviendrait-il d'elle.

Après des pourparlers assez longs avec la sentinelle d'abord, puis avec le chef du poste, puis avec une autre sentinelle, puis enfin avec un officier qui l'introduisit dans les appartements du gouverneur, elle se trouva en face de M. d'Ocigny, un vieux dogue dont les traits sanguins accusaient la vigueur de tempérament.

— Tiens ! vous ici, ma charmante, dit-il en se rappelant immédiatement les traits de sa visiteuse. Par quel hasard heureux vous êtes-vous souvenue du prisonnier de ses prisonniers ? Palsambleu ! pour être vive, la surprise n'en est pas moins des plus agréables.

— Toujours aimable, chevalier.

— Mordieu ! ce ne sont pas cependant les sujets de me rendre morose qui manquent ici. Ah ! ma toute belle, il ne m'est plus permis de mener la bonne vie que je menais naguère. Je suis seul ici, isolé, triste... »

Un laquais interrompit les jérémiades du pauvre gouverneur.

« Monseigneur est servi, dit-il.

— Parbleu ! ma ravissante, puisque vous avez tant fait que de franchir deux fossés; de traverser trois cours obscures pour venir me voir, si vous vouliez accepter mon modeste déjeuner, vous me combleriez de ravissement, et votre bonté égalerait votre beauté, si cela est possible. »

Nina, à cette phrase emphatique, hésita, mais la pensée de Raoul, enseveli sous les épaisses murailles qu'elle avait traversées, lui rendit toute sa résolution.

« Avec plaisir, chevalier, » dit-elle.

M. d'Ocigny eut un frémissement joyeux. Le pauvre homme était depuis longtemps absolument sevré des visites mondaines, il lui semblait que Nina lui eût apporté dans les plis de sa robe comme une aspiration, une souvenance des joyeuses soirées ; il arrondit son bras et sa jambe, fit un effet de mollet et tendit la main à sa belle convive.

Le déjeuner fut succulent, arrosé de vins copieux, généreux et nobles, et il était tard lorsque les deux convives s'apprêtèrent à quitter la table, tant le repas s'était prolongé.

Le gouverneur se levait déjà de son siège lorsqu'un officier s'approcha de lui et vint lui présenter un papier sur lequel il posa sa signature sans même l'avoir lu.

« Vous le voyez, ma bien belle ; pas un moment à moi ! Les devoirs de ma charge m'accablent. »

Puis, offrant de nouveau sa main à Nina, il la conduisit dans un petit salon où étaient servies les liqueurs des îles.

Là il la fit asseoir sur de moelleux coussins, et à peine assise :

« Voyons, chère Nina, ce n'est pas absolument pour le p'aisir de revoir une vieille connaissance que vous êtes venue visiter un vieux sanglier comme moi. »

Nina sourit.

« Vous souriez ; j'en suis fort aise ! Eh bien s'il est quelque service que vous puisse rendre le chevalier d'Ocigny, gouverneur de la Bastille de par la grâce de notre très sainte Majesté, disposez de moi ; je vous écoute.

— Mon cher chevalier, je n'ai aucun service à vous demander, fit Nina, permettant au bras du gouverneur d'enlacer sa taille.

— Bah ! » exclama celui-ci très surpris.

Nina continua :

— Je vais vous demander une grâce !

— Diable ! vous êtes gourmande ! Enfin, quelle est cette grâce ?...

— Vous avez parmi vos prisonniers un gentil-homme auquel je m'intéresse !

— Tiens ! tiens ! Et il s'appelle, ce prisonnier auquel tu... vous vous intéressez ?

— Le comte Raoul de Nangeac...

— Peste ! un prisonnier d'Etat.

— Quel est son crime ?

— Ah ! voilà... Je n'en sais rien, mais ce que je sais fort bien, c'est que je ne voudrais pas être dans sa peau.

— Mon Dieu ! Qu'y a-t-il ? »

D'Ocigny ouvrit une bouche énorme, mais devant l'air égaré de Nina, il comprit qu'il allait dire une sottise. Il referma sa bouche, huma une large prise et dit enfin :

« Rien ! ma toute belle, rien, je vous assure ; rien. Mais le comte est, paraît-il, sous le coup d'une accusation grave, très grave, extrêmement grave...

— Il n'y a que cela ? fit Nina mal convaincue...

— Sans doute !

— Eh bien ! mon cher chevalier, il faut que

cette nuit, vous me fassiez pénétrer seule auprès du comte. »

M. le gouverneur de la Bastille sursauta.

« Qu'avez-vous dit ? malheureuse !

— J'ai dit, répéta nonchalamment Nina en agitant son petit pied et en découvrant ainsi un bas de jambe divinement articulé, j'ai dit qu'il fallait que j'eusse cette nuit, par votre entremise, un entretien avec le comte.

— Mais vous n'y songez pas ?

— Au contraire. Il le faut... à tout prix ! »

La jeune femme eut en prononçant ces derniers mots un si singulier accent que le chevalier s'arrêta brusquement devant elle.

« Voyons, Nina. Vous savez bien que je ne demanderais pas mieux de vous réunir pour un instant à votre amant...

— Le comte n'est pas l'amant de la Nina, chevalier, prononça-t-elle sourdement.

— Mais alors je n'y comprends rien.

— Vous n'avez pas besoin de comprendre.

— Bah !

— Nullement.

— Que me demandez-vous, enfin ?

— Dix minutes d'entretien avec le comte.

— Et ?

— C'est tout.

— Oui, mais moi ?

— Ah ! c'est un marché ?

— Quel vilain mot !

— Non ; quelle vilaine chose ! Eh bien ! écoutez, chevalier : vous savez qui je suis et vous savez aussi qu'il n'est pas besoin de se piquer de ma-

nières avec moi : vous venez de me le prouver.
Jouons donc cartes sur table.

— Soit !

— Je verrai le comte, tout à l'heure : vous per-
mettrez que le restaurateur voisin lui apporte
désormais un ordinaire moins frugal que celui de
la Bastille, et vous-même, demain, comme les
jours suivants, vous vous assurerez qu'il jouit de
tout le bien-être compatible avec son état de prisonnier !

— Un baiser, Nina ? »

Celle-ci eut un frémissement, mais les lèvres du
gouverneur touchèrent les siennes.

« Vous avez des arrhes, dit-elle. Me promet-
tez-vous de faire ponctuellement ce que je viens
de vous dire ?

— Oui... mais... »

La jeune femme se leva et froidement :

« Faites-moi conduire près du comte. En sortant de son cachot, je viendrai payer la faveur
que vous m'accordez. »

Et comme le gouverneur demeurait bouche
béante :

« Allons, faites vite, mon cher chevalier ; sans
quoi, il me viendrait à la pensée que vous avez
des regrets. »

M. d'Ocigny frappa sur un timbre. Un officier
parut presque aussitôt.

« Conduisez madame au cachot du comte de
Nangeac, et, sur votre honneur, que l'entretien
ne dure pas plus de dix minutes. »

L'officier salua et s'apprêtait déjà à sortir ; le
gouverneur le rappela et lui tendant un carré de
parchemin :

« Vous donnerez les ordres nécessaires pour qu'à dater de demain le comte de Nangeac reçoive du, tavernier qui se présentera muni de cette carte, les mets qu'on lui apportera, mais qui seront soigneusement visités.

S'inclinant alors cérémonieusement devant Nina :

« Vous le voyez, madame, j'accomplis mes engagements. »

Nina sentit sa gorge se serrer, mais ce fut cependant avec un sourire qu'elle répondit :

« A tout à l'heure, monsieur le chevalier. »

Puis, suivant son guide, elle s'élança dans un corridor sombre qui la conduisit vers un escalier humide, lugubre, étroit, glissant.

Éclairée d'une torche douteuse, elle descendit ainsi cent vingt-sept marches, manquant à chaque instant de tomber sur les dalles glissantes.

Enfin le porte-clefs qui les guidait, elle et l'officier, s'arrêta devant une porte massive toute bardée de fer.

« C'est ici, dit-il.

— Ouvre ! » fit le lieutenant.

Le porte-clefs fit jouer la serrure énorme, abattit une lourde barre de cœur de chêne, tira les verrous ; Nina entra et derrière elle la porte se referma.

« C'est moi, Raoul ! moi, Nina !

— Vous ici ?

— Écoutez ; les instants sont précieux. J'ai obtenu que dès demain un traiteur vous apporterait vos repas ; mais on pourrait nous entendre... »

Ici la voix de Nina devint insaisissable. A peine

eût-on pu comprendre tout d'abord que Raoul refusait, aux éclats de sa parole, mais bientôt ce ne fut plus qu'un murmure confus de mots précipités qu'entendaient l'officier et le porte-clefs, mais qu'ils ne percevaient pas.

Bientôt l'officier, qui s'ennuyait dans le corridor froid et sombre, ouvrit la porte :

« Le temps est écoulé, madame.

— Adieu, comte ; adieu ! »

Raoul remercia d'une étreinte de la main, une de ces bonnes étreintes dans lesquelles on semble mettre toute son âme, puis le porte-clefs referma soigneusement le cachot.

Raoul entendit le bruit des pas s'éloignant sur les dalles, et Nina, bientôt, se retrouva en face du gouverneur.

« Me voici », dit-elle en jetant sa mante sur un meuble.

D'Ocigny passa son bras autour de la taille fine qu'on lui abandonna, et il entraîna la jeune femme vers une portière dont la lourde et épaisse tenture retomba derrière eux...

. . . .

Le lendemain, vers dix heures du matin, un grand gaillard, le corps ceint d'un tablier blanc et portant une longue corbeille remplie de vaisselle et de provisions de toutes sortes, se présentait devant la sentinelle du premier pont-levis et lui présentait son laissez-passer.

Sur un signal du soldat la herse se leva, puis s'abattit avec un bruit formidable lorsque le marmiton fut engagé sous la voûte.

S'adressant alors très poliment au geôlier :

« Le prisonnier Raoul de Nangeac ?

— Ta carte?

— Voici !

— C'est bien ! Tourne à droite et suis l'allée jusqu'au deuxième pont-levis. »

Le garçon s'avança sous la voûte.

A gauche était l'hôtel du gouverneur ; en face, plusieurs petites maisons où les officiers subalternes avaient leurs logements.

Arrivé au second pont-levis, le marmiton eut affaire à une autre sentinelle. Il eut de nouveau à montrer sa carte, on baissa le pont et il fut reçu par un officier qui l'examina des pieds à la tête, fouilla les plats, le pain, remua tout sans avoir égard aux lamentations du pauvre diable qui jurait ses grands dieux qu'on allait lui faire tourner ses sauces.

L'inspection terminée, l'officier appela le concierge de cette nouvelle porte qui conduisit le marmiton et ses plats jusqu'à une rampe ténébreuse. Là il lui mit une lanterne dans la main.

« Cent vingt-sept marches à descendre, lui dit-il ; le couloir à droite ; tu trouveras un gardien. Prends garde de tomber. »

L'homme descendit les cent vingt-sept marches, s'engagea dans un étroit corridor à sa droite.

« Qui vive ? Halte-là ! cria une voix.

— Garçon traiteur !

— Avancez ! »

Il avança et se trouva en face d'un individu hirsute qui approcha vivement de son visage la lanterne qu'il avait à la main, lui aussi.

« Qui demandes-tu ?

— Le prisonnier Raoul de Nangeac.

— Viens ! »

Le bouledogue fit quelques pas, suivit du garçon traiteur, qui n'avait pas lâché sa corbeille, puis il s'arrêta, ouvrit la porte du cachot de Raoul, y poussa le visiteur qui semblait peu disposé et qui criait : Miséricorde! et ceci fait, il dit :

« Quand le prisonnier aura fini, tu frapperas à la porte et je viendrai te prendre. »

Le garçon traiteur entra mais la lanterne qu'il tenait jetait une si faible lueur que, tout d'abord, il n'aperçut pas Raoul couché sur la paille dans un coin de cet antre fétide.

Cependant peu à peu ses yeux s'habituèrent à l'obscurité. Alors il fit un bond, posa ses deux bras sur les épaules du comte et fondit en larmes.

Raoul se dégagea doucement et dirigeant un doigt vers la porte :

« On peut nous écouter, causons, mais tout bas.

— Monsieur le comte, prenez vite mes habits, mettez cette corbeille sur votre tête, et sortez à ma place. »

En prononçant ces mots le garçon traiteur jetait bas, veste, tablier, haut-de-chausses, dépouillait malgré lui Raoul et revêtait ses habits ; puis il l'habilla dans un clin d'œil, trouvant encore le temps d'agiter la vaisselle et de faire un tric-trac tel que l'on eût juré que le prisonnier s'en donnait à cœur joie.

Transformé en marmiton, sans qu'il eût le temps de se reconnaître, Raoul sourit tristement :

« Non, je ne veux pas ! Et toi?

— Moi ! vous allez me lier les pieds et les bras avec les débris de votre chemise que nous allons déchirer à nous deux ; vous me bâillonnerez avec votre pourpoint ; on me trouvera ainsi accommodé ; je dirai que vous vous êtes jeté sur moi, que j'ai appelé au secours et que, plus fort que moi, vous avez eu raison.

« Le pire qui puisse m'arriver, c'est de rester ici un jour ou deux, tandis que vous... Allons, faites vite, vite ! »

Et le brave garçon, aidant de son mieux Raoul à le garrotter, au moment où celui-ci allait lui attacher sa veste sur la bouche :

« N'oubliez pas, dit-il ; devant l'arsenal, un carrosse vous attend. Dépêchez-vous ; on vient. »

En effet, on ouvrait la porte.

« Est-ce bientôt fini ?

— Voilà ! je rangeais la vaisselle ! »

Le geôlier jeta un coup d'œil dans le cachot, vit dans un coin un corps :

« Vous avez bien dîné ? »

Le corps fit un mouvement et poussa un grognement.

« Allons, c'est bien ! bonne nuit ! »

Un nouveau grognement et un nouveau mouvement répondirent. Le geôlier ferma la porte et, quelques instants après, Raoul sortait de la Bastille, modérant sa marche en sifflotant un air.

Lorsqu'il fut arrivé devant l'hôtel Zamet, il tourna à gauche vers l'Arsenal, jeta dans un fossé corbeille et vaisselle, et prit sa course.

Au coin du jardin de l'Arsenal, près des Célestins, une voiture attendait.

Raoul se dirigea de ce côté.

La portière s'ouvrit. Il sauta à l'intérieur. Les chevaux partirent au galop.

CHAPITRE XVII

LA MAISON DE LA RUE DU CYGNE

La voiture s'arrêta devant la petite maisonnette isolée, à quelques pas de Clichy-la-Garenne.

Quelques instants après Marie et Raoul étaient réunis.

Comme les amoureux excellent à débrouiller, entre eux bien entendu, les situations les plus compliquées, — ce qui n'est pas surprenant puisqu'ils pensent avec le cœur, — nous n'étonnerons aucune de nos lectrices en disant que deux heures plus tard, Marie et Raoul étaient revenus à l'accord le plus parfait.

Celle-ci avait appris les vicissitudes éprouvées par Raoul et, en revanche, elle lui avait conté par le menu les intrigues dont on l'avait enveloppée.

Lorsqu'elle en était arrivée à l'épisode du mariage avec l'infâme Buzançay, le comte avait été secoué d'un frisson douloureux ; mais Marie s'était serrée contre sa poitrine et lui avait dit ou plutôt murmuré dans une délicieuse chasteté :

« Je suis pure, mon Raoul ! » et celui-ci n'avait eu d'autre réponse à lui faire que de la serrer plus passionnément dans ses bras.

La maison qui les abritait était d'ailleurs parfaitement choisie.

Entourée d'un rideau d'arbres, à quelques pas de la Seine sur laquelle elle avait accès par une petite sente côtoyant le jardin ombreux, elle réunissait toutes les qualités de discrétion pour cacher un échappé de la Bastille et une proscrite d'Anne d'Autriche.

La haine de la reine était en effet toujours menaçante et toujours aussi vive, et là était le véritable danger.

En définitive, peut-être les grands personnages que connaissait Raoul parviendraient-ils à obtenir qu'il ne fût plus inquiété.

Mais Marie ?

Anne d'Autriche ne lui avait point pardonné les angoisses ressenties, les inquiétudes éprouvées : si la reine pouvait oublier, la femme se souvenait.

La vengeance est un mets divin, et aussi un mets royal.

. . . .

Quand il fut demeuré seul dans le cachot de la Bastille, le marmiton se demanda avec une légère appréhension ce qui allait advenir de lui ; lorsqu'il entendit le bruit de ferraille annonçant qu'on ouvrait sa porte, un mouvement d'effroi bien naturel et bien explicable le secoua de la tête aux pieds.

M. d'Ocigny entra.

« Eh bien ! comte, êtes-vous satisfait de nos procédés à votre égard.

— Brou ! brou ! brou ! fit entendre le prisonnier sans bouger de son coin.

— Voyons, répondez-moi ! »

Le prisonnier se remua, s'agita, se secoua en répétant :

« Brou ! brou ! brou ! »

Le gouverneur devint perplexe, puis, soudain, fort inquiet.

« Que veut dire ceci ? » exclama-t-il, et arrachant une torche des mains d'un des gardes qui le suivaient, il courut au paquet vivant qui *broubrou-nait* plus fort que jamais.

« On m'a volé mon prisonnier ! » cria-t-il.

D'un tour de main il arracha le bâillon.

« Qui es-tu donc, pendard ? Où est le comte ? »

Le prisonnier tourna béatement sa physiono-mie placide vers le gouverneur :

« Moi ? mais je suis Brin d'Amour, garçon chez maître Roblin, à l'enseigne des « Ven-danges d'Argenteuil ».

— Canaille ! s'écria d'Ocigny, furieux, en le sai-sissant au col, où est le comte ?

— Ah ! ah ! ah ! »

D'Ocigny le secouait de plus belle, enfin il fit une pause et Brin d'Amour en profita :

« Si vous voulez que je vous réponde, il ne faut pas m'étrangler.

— C'est juste, maraud ! Où est le prisonnier ?

— Pour ça, je n'en sais rien !

— Mais que s'est-il passé ? Dis vite, ou je te fais

jeter dans un cul de basse-fosse jusqu'à la fin de tes jours ! »

Pour toute réponse, Brin d'Amour se prit à sangloter.

« Allons, voyons, triple brute !

— Eh bien, voilà : j'étais à peine entré ici, et je n'y voyais goutte, que le prisonnier se jeta sur moi, me roula son pourpoint sur la bouche, puis, cherchant sous sa paillasse, il en tira ces liens de toile avec lesquels il me garrotta, tout en m'assommant à moitié de grands coups de poing sur la tête, si fort que j'en deviendrai bête, pour sûr !

— Et puis?

— Et puis, il m'a jeté là, sur ce lit, et j'ai eu beau crier, me lamenter quand on lui a ouvert, on l'a laissé sortir, et moi, on m'a laissé là. »

Sur ce beau discours, Brin d'Amour crut devoir verser de nouvelles larmes.

M. d'Ocigny était furieux.

« Crève ici, brute ! et toi, dit-il en s'adressant au porte-clefs fautif, tu vas goûter un peu des douceurs de la bastonnade. Qu'on m'applique cinquante coups de verges sur le dos de ce drôle; ce sera assez... pour ce soir. Demain, et pendant huit jours, on recommencera ! »

Le gouverneur remonta vers l'air respirable, fit atteler son carrosse et courut d'une traite conter l'événement au cardinal, qui, quelques heures plus tard, racontait l'affaire à la reine en ajoutant que Mme de Buzançay, elle aussi, avait disparu.

Anne d'Autriche se mordit les lèvres.

« Je compte bien, cardinal, que vous n'allez point vous laisser jouer ainsi?

— Madame !

— Je hais cette femme ; si vous ne m'y aidez pas, j'agirai seule, et malheur à elle !

— Le comte ne peut être loin...

— Je pardonne au comte, monsieur le cardinal ; vous entendez, je ne veux pas qu'on l'inquiète. Il est homme à savoir acquérir de sa reine la remise des fautes commises ; mais autant que la marquise de Buzançay sera marquise de Buzançay, je veux la poursuivre de mon courroux, de ma haine ; je veux la tenir à ma merci, là, sous mon pied ! »

De fait, dès le lendemain, les agents de la reine et les agents du cardinal se mirent en campagne.

Mazarin ne doutait pas que Raoul n'eût fui avec Marie et, poursuivant l'amant, il poursuivait l'amante ; Anne d'Autriche donnait la chasse à Marie qui avait été sa rivale putative, et elle espérait bien, par quelque moyen que ce fût, assister prochainement à l'hallali de cette biche traquée.

Les femmes de quarante ans sont sans miséricorde !

Pendant ce temps Marie et Raoul goûtaient dans la petite maison de Clichy toutes les joies d'un amour sincère et d'autant plus ardent qu'il avait été plus traversé.

Pendant ce temps aussi, Brin d'Amour, dont on ne pouvait tirer que larmes et lamentations et qui avait été réclamé d'ailleurs par son prétendu patron, maître Roblin, lequel avait été largement payé par Nina pour agir ainsi, Brin d'Amour donc recouvrait sa liberté.

Mais se doutant bien qu'il était suivi et que des limiers de police espéraient, en le suivant pas à pas, trouver le gîte de son maître, le fidèle Franc-Comtois avait pris bien soin de reprendre auprès des fourneaux des « Vendanges d'Argenteuil » une place qu'il n'y avait occupée que les deux jours précédant son aventure, et c'était vraiment merveille que de le voir s'empresser auprès des clients.

Un soir, sous une des tonnelles, vint s'attabler un des habitués du cabaret que rejoignit bientôt un petit gros homme à la face rubiconde.

« Ce sont là figures de connaissance, pensa Brin d'Amour.

— Du beaujolais et du meilleur ! »

C'étaient Beaucormier et Coquelicot. Ce dernier avait enfin mis le nez sur la voie désirée et, sous prétexte de quête pour son couvent, il avait été reçu par Marie elle-même, qui lui avait donné large aumône.

Comme un bienfait n'est jamais perdu, notre vieille connaissance s'empressait de faire part du secret surpris, sous le manteau de la charité, à son digne compère.

« Ainsi, après avoir dépassé l'église de Clichy, demandait Beaucormier...

— Le premier chemin à ta droite : il conduit vers la Seine.

— Bien !

— A deux cents pas de la berge, tu trouves un sentier, un peu creux...

— Je n'aime pas cela.

— Il n'y a rien à craindre par là, car au bout de ce sentier, et précisément en face de la maison en question, se trouve un vaste champ découvert tout à fait ; de telle façon que l'on voit venir de très loin et que personne ne peut approcher sans qu'on l'ait aperçu.

— Coquelicot, tu es un ange ! »

Le moine se versa une ample rasade, la but religieusement, claqua sa langue contre son palais :

« Ce vin est bon, dit-il.

— Holà ! à boire ! » réclama Coquelicot qui savait ce que parler veut dire, et, lorsque les deux amis s'en allèrent, il convient à la vérité de dire que Coquelicot était ivre et que Beaucormier était gris.

Cependant, après avoir reconduit son ami jusqu'à son logis, rue du Petit-Musc, Coquelicot s'avisa que le lendemain, dès le matin, il lui fallait, s'il voulait plaire à Son Éminence, saisir au gîte, en vertu d'un certain édit d'adultère rendu naguère par Louis XIII le Pieux, la marquise de Buzançay.

L'édit présentait, en effet, cette particularité que l'amante, seule, était adultère.

Dans ces dispositions d'esprit et afin d'assurer le succès de son expédition, il marchait donc d'un pied léger, allongeant ses grandes jambes, se dirigeant vers la rue du Puits-d'Amour, proche le pilori des halles, quand à la hauteur du chevet de Saint-Magloire, à l'angle de la Grande Rue, aujourd'hui rue Saint-Denis, et de la rue de la Chanvrerie, il aperçut la silhouette d'un gentilhomme qu'il reconnut aussitôt.

« Tiens ! Tiens ! ! Tiens ! ! ! fit-il en accentuant davantage chacune de ces onomatopées ; M. de Buzançay !

— Bah ! ajouta-t-il, parlant toujours à lui-même, je n'ai pas affaire au mari. Qu'il aille au diable, où il voudra, je n'en ai cure ! » Et il poursuivit son chemin d'un côté, tandis que le marquis, poursuivant le sien, venait au bout d'un instant frapper du pommeau de son épée à l'une des premières portes de la rue du Cygne.

Une jeune femme assez accorte ouvrit et, par l'entrebâillement, une bouffée d'air chaud, chargée d'odeur de vins et de rires épais, saillit.

Le marquis jeta son manteau à son introductrice, poussa une portière et entra dans une vaste salle où la fine fleur de la noblesse, préludant ainsi au *passe-temps* de la Régence, jouait en se vautrant sur des filles, à des jeux *presque* de hasard, en coudoyant des pipeurs de dés.

Il arrivait souvent, en pareils lieux, qu'une querelle s'élevât. Alors les deux adversaires tiraient dagues et épées, on faisait cercle, applaudissant aux coups habiles, buvant à la victoire. Si le vaincu n'était que blessé, on le poussait dans une pièce voisine ; s'il était mort, il y avait des valets spécialement attachés à l'établissement pour aller déposer son cadavre au coin de quelque ruelle, et tout était dit.

Le marquis Noël de Buzançay, encore qu'il n'eût point paru depuis longtemps, fut salué d'exclamations joyeuses et aussitôt entouré.

Une belle fille lui sauta au cou.

« Tiens, te voilà, Berquotte ? » dit-il en souriant d'un rire un peu triste, et voyant une table où l'on jouait au passe-dix, il s'approcha.

Un des joueurs se levait à ce moment, ayant vidé son escarcelle.

Le marquis s'assit à sa place et, soit que la

chance eût tourné, soit que son adversaire fût fatigué, il eut une *main* magnifique.

Un monceau de doublons était entassé devant lui.

« Vrai Dieu ! marquis, s'écria le vicomte d'Entraigues, le joueur malheureux, vous justifiez le proverbe !

— Quel proverbe, vicomte ? demanda froidement Buzançay.

— Dame ! Vous avez la chance d'un homme marié dont la femme a pris la fuite. »

Le vicomte n'avait pas achevé sa phrase que de son gant de buffle le marquis le souffletait.

« Monsieur le vicomte, dit-il plus pâle qu'un spectre, je vous tuerai pour cette calomnie. »

Et comme les gentilhommes bourdonnaient ironiquement, il se tourna vers eux et ajouta :

« Non pas que je sois un mari jaloux, mais parce que je respecte infiniment et de toute mon âme Mlle de Montévrain, marquise de Buzançay. Où serez-vous demain matin vers huit heures, vicomte ?

— Je sais un admirable champ clos près de l'église de Clichy. Vous plairait-il de vous y trouver ?

— Sans aucun doute. »

Alors, d'un geste bizarre, il attira à lui la fille qui répondait au nom singulier de Berquotte, lui jeta tout l'or amoncelé devant lui, puis, se levant :

« A demain, monsieur, et que Dieu vous garde ! »

CHAPITRE XVIII

COMMENT MOURURENT COQUELICOT ET BEAUCORMIER

Le soleil s'était levé radieux et les alouettes s'en donnaient à cœur-joie, tandis que les hirondelles passaient, en coup d'ongle, dans l'espace.

Une troupe composée d'une dizaine d'hommes d'armes, venue de Paris par la route de Poissy, s'engagea dans un sentier touffu, à quelques centaines de mètres de la Seine, et là, sur un signe impérieux de son chef, un grand diable dont les longs échalas qui lui servaient de jambes descendaient jusqu'aux jarrets de l'étique cheval qui le portait, elle fit halte sous les vieilles truisses qui lui prêtaient leur ombrage, dissimulée à tous les regards par l'épaisseur des haies qui semblaient leur servir de manteau.

Cependant Coquelicot, car c'était lui le chef de cette troupe matinale, agitait sa large main pour commander le silence à ses hommes.

Ceux-ci écarquillaient les yeux et n'apercevaient rien, au bout du routin, que les fenêtres closes du premier étage d'une maisonnette d'apparence fort honnête que coupaient çà et là quelques grands arbres mystérieux.

A un moment donné ils virent, ou pour mieux dire, entrevirent la silhouette gracieuse d'une femme en toilette du matin qui vint s'accouder au balcon d'une des fenêtres.

Bientôt un jeune homme parut à son tour ; la jeune femme effeuilla une rose qu'elle avait à son corsage, en jeta un à un les pétales à la face de son compagnon, puis ils ne virent plus rien : la fenêtre s'était refermée.

Toutefois, Coquelicot, penché sur l'encolure de son cheval, semblait écouter toujours.

Suivant alors la direction des regards de leur chef, les hommes d'armes aperçurent, entrant sur le terrain qui s'étendait à leur droite, entre eux et un bouquet de bois près du village, six gentils-hommes qui mirent pied à terre et s'avancèrent à la rencontre les uns des autres après avoir donné la bride de leurs chevaux aux valets qui les accompagnaient.

Presque aussitôt, deux d'entre eux retirèrent leur manteaux, jetèrent au loin leurs feutres, tirèrent leurs épées et engagèrent le fer, impétueusement, sans aucun préliminaire.

« Par la mordious ! exclama sourdement Coquelicot, il ne tiendrait qu'à moi de prendre dans le même filet la femme et le mari. Té ! il y a un édit sur le duel, il me semble. »

Cependant, intéressé malgré lui, il ne fit aucun

mouvement et suivit plus attentivement que jamais les péripéties du combat.

Buzançay, car Coquelicot l'avait bien reconnu, les yeux fixes et ardents, la bouche entr'ouverte, avançait à petits pas fermes et secs sur d'Entraigues qui, reconnaissant en lui un maître en fait d'armes, rompait aussi pas à pas, insensiblement presque, mais enfin rompait.

Tout à coup, comme si la retraite n'eût été pour lui qu'un simple calcul, une feinte, un stratagème, une habileté, le vicomte s'arrêta, et, sur un coup dégagé un peu large du marquis, il fournit brutalement, avec la rapidité de la foudre, un coup droit terrible qui fit pousser une exclamation étouffée au sire Coquelicot, lequel, en sa qualité de maître ès-armes, se sentit saisi d'admiration.

Le pourpoint du marquis s'était, à l'instant même, imbibé d'une large marque de sang qui allait s'élargissant.

« Sandis ! il en tient ! » dit Coquelicot qui rassemblait déjà son cheval, pensant que le marquis allait rouler à terre et qu'il n'y avait plus rien qui l'intéressât, mais il demeura stupéfait. Sur un cercle trompé, le marquis venait de se fendre à fond et avait transpercé de part en part le vicomte qui tombait sur les genoux d'abord, puis roulait à terre, vomissant un flot de sang, et entraînant dans sa chute son adversaire victorieux, lequel ne valait guère mieux que lui.

« Allons ! c'est fini ; en avant, en avant ! » dit le reître qui, enthousiasmé par les rudes coups de rapière qu'il avait vus, ajouta :

« Sandis ! c'est égal ! c'étaient deux braves !

mais quelle drôle d'idée de venir ainsi se faire tuer sous les fenêtres de sa femme ! »

La troupe reprit sa marche, coupant à gauche en contournant la palissade du jardin, et ce mouvement empêcha que Coquelicot, de son œil auquel rien n'échappait, ne vît, sortant du bouquet de bois et accourant vers le marquis, un homme qu'il eût immédiatement reconnu, sans doute, pour le prétendu garçon de maître Roblin, dont l'enseigne des « Vendanges d'Argenteuil » lui avait été si hospitalière.

Un instant plus tard, toutes les issues de la maisonnette soigneusement gardées, il frappait à la porte.

Une servante vint ouvrir.

Avant qu'elle eût poussé un cri, elle était bâillonnée et remise délicatement entre les mains d'un sbire.

Ceci accompli et plein du contentement que procure la besogne bien faite, le reître traversa, suivi de deux ou trois de ses hommes, une première salle, puis une autre, ouvrit une petite porte donnant sur un escalier en spirale, qu'il gravit.

Tout entiers à leurs amours, tout heureux d'être réunis, ni Marie, ni Raoul n'avaient prêté attention à la double scène que nous venons de retracer.

Cependant les acolytes de Coquelicot, n'ayant pas sa marche légère, un bruit inusité vint frapper l'oreille de la jeune femme et l'effrayer.

« Raoul ! Raoul ! quelqu'un monte !

— La servante, sans doute !

— Non, j'entends des pas d'hommes !

— Ne craignez rien, Marie, ne suis-je pas là ? »

Il fut interrompu par la porte qui volait en éclats, et Coquelicot entra aussitôt, la rapière à la main, suivi de près par ses hommes.

Marie poussa un cri, se réfugia dans les bras de Raoul, lequel, tirant son épée et soutenant sa maîtresse du bras gauche, s'était dressé, terrible, prêt à vendre chèrement sa vie :

« Épée basse ! monsieur le comte, dit Coquelicot de son ton le plus mielleux ; épée basse ! Ce n'est pas à vous que nous avons affaire.

— A qui donc alors ?

— A Mme la marquise, dit le grand bonhomme en s'inclinant.

— Qu'as-tu de commun, misérable traître, avec la marquise ? demanda Raoul d'une voix méprisante.

— Oh ! presque rien.... Nous venons simplement, sur l'ordre du Roi...

— Sur l'ordre du Roi ?...

— Oui, sur l'ordre du Roi, arrêter Mme la marquise de Buzançay pour la conduire aux Madelonnettes, où l'on enferme et l'on punit les femmes adultères.

— Ah ! drôles, retirez-vous immédiatement, ou mon épée... »

Coquelicot se recula et, froidement :

« Monsieur le comte, aussi brave que vous soyez, vous ne pourriez pas avoir raison des dix épées qui vont accourir à mon signal et qui, ajoutées aux quatre qui sont ici, sans compter la mienne, laquelle, je le dis sans vanité, en vaut bien une autre (vous le savez bien, j'ai travaillé à vos côtés !) feront un total de quinze contre lesquelles vous resterez impuissant. »

Raoul déposa Marie évanouie sur un fauteuil qu'il poussa dans un angle, renversa d'un tour de main devant lui une table et un bahut, puis, derrière ce rempart fragile qu'il venait d'improviser, il s'écria :

« Vous êtes quinze ! Eh bien ! le lion avant d'être frappé à mort éventre les chacals qui l'attaquent ! Avant de toucher à la marquise, il faudra que vous passiez sur mon cadavre ! »

Aussitôt le combat commença.

Déjà, d'un revers de son épée, Raoul avait blessé Coquelicot, légèrement, il est vrai, à la poitrine, lorsque la porte d'un cabinet donnant tout à côté de la barricade improvisée s'ouvrit, et qu'un homme pâle, sanglant, chancelant, parut.

C'était le marquis Noël de Buzançay !

Derrière lui, et prêt à le soutenir, apparaissait Brin d'Amour.

« Drôle, dit-il d'une voix mal assurée à Coquelicot, que faites-vous ici... chez moi ? »

Coquelicot se demandait s'il rêvait.

« Monsieur le marquis, nous venions par ordre du Roi...

— Pour ?

— Pour arrêter, comme adultère, Mme la marquise...

— En ce cas ! hors d'ici ! Sous la protection du mari, là où il est, ne peut y avoir adultère. Vous me reconnaissez : je suis le marquis de Buzançay, et voici la marquise ma femme... bien-aimée que je veux que l'on respecte et que l'on honore comme elle le mérite. »

Ici le marquis chancela et dut s'appuyer sur l'épaule de Brin d'Amour.

« S'il y a un coupable ici, c'est moi, qui viens d'enfreindre les édits et de me battre en duel, là, tout à côté, mais... » et Buzançay devint si pâle et sa voix si faible, que Marie et Raoul crurent qu'il allait mourir et s'approchèrent instinctivement de lui.

« Mais vous le voyez, si elle voulait m'atteindre, il faudrait que la justice de Sa Majesté fût bien prompte. Retirez-vous, j'ai à parler à la marquise et à M. le comte de Nangeac ! »

L'immense Coquelicot, tout déconcerté, rassembla ses gens et, voyant qu'il était impuissant, il s'en alla.

« Eh ! sandis, dit-il en remontant à cheval, c'est égal ; en voilà un mari galant ! Il se fait tuer sous les fenêtres de sa femme et vient la retirer de nos griffes ! Drôle d'idée ! drôle d'idée ! quand je raconterai ça à Beaucormier, sangdiou ! je parie une pistole qu'il ne voudra pas me croire ! »

Pendant ce temps, le marquis, à bout de forces, était tombé dans un fauteuil. Marie s'approchait d'un air compatissant :

« C'est inutile, madame, dit le marquis, je vais mourir ; mais la mort me sera douce, puisqu'il m'est permis de racheter les infamies auxquelles je me suis prêté.

« Venez ici, Marie, et vous aussi, comte ! Je venais d'être blessé à mort dans un duel, ici près, le brave garçon que voici — et il montrait Brin d'Amour — m'a averti du danger qui vous menaçait ; Dieu a permis que je pusse arriver à temps ; que son nom soit loué ! »

Raoul et Marie écoutaient tout interdits.

Il reprit d'une voix entrecoupée par le hoquet

qui venait de le saisir et qui allait toujours s'affai-
blissant :

« J'ai été bien coupable envers vous, Marie ;
pardonnez-moi... monsieur le comte, j'ai été...
pour vous un ennemi... déloyal... pardonnez-
moi ! »

Raoul, pour toute réponse, tendit sa main au
moribond. Celui-ci la garda, puis, l'unissant à
celle de Marie, il dit encore d'une voix presque
inintelligible :

« Comte, je vous la confie !... Donnez-lui le
bonheur... qu'elle... a... mérité... »

Ses lèvres alors s'agitèrent sans qu'il en sortît
un son : son souffle s'arrêta un instant, mais,
tandis que, penchés vers lui, ils semblaient épier
le départ de cette âme pour qui la mort était une
rédemption, il se souleva tout à coup, étendit sur
leurs têtes ses mains déjà froides et insensibles et
murmura :

« Je vous bénis ! »

Il retomba, un dernier mouvement agita faiblement son corps, puis, plus rien.

Le marquis Noël de Buzançay était mort.

. . . .

Peu après, la duchesse de Candole, avertie par
Marie, arrivait à la petite maison de Clichy, et,
vaincue enfin par les raisonnements de sa fille
adoptive, voulant réparer les malheurs dont celle-
ci avait été victime et dont elle était un peu cause,
elle accorda son consentement à l'union de Raoul
avec la veuve du marquis de Buzançay ; le lendemain, fuyant la Reine et Mazarin, ils partaient
tous ensemble pour l'Angleterre, où le mariage

devait être célébré et où ils devaient attendre le moment propice de rentrer en France.

Mathieu avait été mis en liberté sur l'ordre de la Reine ; il suivit ses amis.

Ils emmenèrent avec eux le fidèle Brin d'Amour.

Nina, après son admirable sacrifice, heureuse d'avoir contribué au bonheur de Raoul, fut touchée par la grâce et entra au couvent.

Quant à Coquelicot et Beaucormier, le premier mourut de la bastonnade que lui fit donner Mazarin pour n'avoir point réussi dans la mission dont il était chargé ; le second succomba à une indigestion : et c'est bien fait.

FIN

TABLE DES CHAPITRES

ÉMILE COLIN. — Imprimerie de Laguy.

AUTEURS CÉLÈBRES (*suite*)

CHAQUE VOLUME SE VEND SÉPARÉMENT

AVIS DE L'ÉDITEUR

Le but de la collection des *Auteurs célèbres* à **60** centimes de mettre entre toutes les mains de bonnes éditions des meilleurs écrivains modernes et contemporains.

Sous un format commode et pouvant en même temps tenir une belle place dans toute bibliothèque, il paraît chaque quinzaine un volume.

CHAQUE OUVRAGE EST COMPLET EN UN VOLUME

POUR LES N°° 1 A 170, DEMANDER LE CATALOGUE SPÉCIAL

18° SÉRIE.
- N°° 171. ADOLPHE BELOT, Le Pigeon.
- 172. NIKOLAÏ GOGOL, Les Veillées de l'Ukraine.
- 173. JULES MARY, Un Mariage de confiance.
- 174. LÉON TOLSTOÏ, La Sonate à Kreutzer.
- 175. Lettres choisies de Mme de Sévigné.
- 176. F. DE LESSEPS, Les Origines du Canal de Suez.
- 177. LÉON GOZLAN, Le Capitaine Maubert.
- 178. CH. D'ARCIS, La Correctionnelle pour rire.
- 179. ERNEST DAUDET, Le Crime de Jean Malory.
- 180. ARMAND SILVESTRE, Rose de Mai.

19° SÉRIE.
- N°° 181. ÉMILE ZOLA, Madeleine Férat.
- 182. PAUL MARGUERITTE, La Confession posthume.
- 183. PIERRE ZACCONE, Seuls !
- 184. BEAUTIVET, La Maîtresse de Mazarin.
- 185. ÉDOUARD LOCKROY, L'Ile révoltée.
- 186. ALEXIS BOUVIER, Les Petites Blanchisseuses.
- 187. ARSÈNE HOUSSAYE, Blanche et Julia.
- 188. ALEXANDRE POTHEY, La Fève de Saint-Ignace.
- 189. ADOLPHE BELOT, Le Parricide.
- 190. EUGÈNE CHAVETTE, Le Procès Pictompin.

La collection des « Auteurs célèbres » se trouve également en très jolie spéciale par séries de dix volumes.

Prix des dix volumes reliés (franco) 12 francs.

PARIS. — IMP. MARPON ET FLAMMARION, RUE RACINE, 26.

www.ingramcontent.com/pod-product-compliance
Ingram Content Group UK Ltd.
Pitfield, Milton Keynes, MK11 3LW, UK
UKHW021512090726
13657UKWH00001B/188

9 782019 953058